国家社科基金项目：新形势下零售商业模式创新路径研究（20BJY185）
北京联合大学教育科学研究课题：应用型大学产教融合生态系统构建路径研究（JK202117）的阶段性研究成果

新形势下企业竞争情报管理方法与应用研究

杨永芳 著

企业管理出版社
EMPH
ENTERPRISE MANAGEMENT PUBLISHING HOUSE

图书在版编目（CIP）数据

新形势下企业竞争情报管理方法与应用研究 / 杨永芳著 . — 北京：企业管理出版社，2021.5

ISBN 978-7-5164-2388-2

Ⅰ . ①新… Ⅱ . ①杨… Ⅲ . ①企业竞争—竞争情报—研究 Ⅳ . ① F274

中国版本图书馆 CIP 数据核字（2021）第 089838 号

书　　名：新形势下企业竞争情报管理方法与应用研究
作　　者：杨永芳
责任编辑：杨慧芳
书　　号：ISBN 978-7-5164-2388-2
出版发行：企业管理出版社
地　　址：北京市海淀区紫竹院南路 17 号　　邮编：100048
网　　址：http://www.emph.cn
电　　话：编辑部（010）68701661　　发行部（010）68701816
电子信箱：314819720 @qq.com
印　　刷：北京虎彩文化传播有限公司
经　　销：新华书店
规　　格：710 毫米 ×1000 毫米　16 开本　12.25 印张　158 千字
版　　次：2021 年 8 月第 1 版　2021 年 8 月第 1 次印刷
定　　价：68.00 元

前 言

本书以新形势下企业竞争情报管理工作为主要研究对象，对企业竞争情报分析流程和企业情报管理工作体系进行深入的分析，并研究了其中的一些关键流程和方法，为提高企业情报管理工作效率，增强企业竞争力提供了有价值的参考。本书包含的内容如下。

（1）建立了竞争对手竞争力评判指标体系。从创新能力、情报能力、品牌能力、财务能力和产品能力5个方面，对新形势下竞争环境中可能的竞争对手进行综合竞争力评价，确定竞争对手的竞争力等级后，对其采取相应级别的竞争力监测与竞争力分析，简化了企业竞争情报分析的流程，增强了企业风险预警能力。

（2）构建了新形势下竞争情报分析流程，基于竞争情报与知识管理的融合机理，在竞争情报分析流程中设置了企业知识库和企业知识数字共享平台，提高了企业竞争情报分析的速度和效率。

（3）将知识管理纳入企业竞争情报管理工作体系，基于新形势下竞争环境的复杂性，利用竞争情报构筑企业外部知识平台，知识管理构筑企业内部知识平台，两者共同构筑基于知识管理的企业情报管理工作。在此基础上构建了新形势下企业竞争情报管理工作体系模型，集知识管理和情报管理为一体，有效地节约了企业资源，提升了企业情报管理工作效率，增强了企业整体竞争力。

此外，结合已有研究成果和新形势下理论与实践背景对Z公司情报管理工作进行应用研究，构建了Z公司竞争情报管理工作体系，并选择Z公司3个可能的竞争对手进行综合竞争力评价的实证研究，力求探索出实用有效的情报管理方法，为企业竞争情报管理工作的进一步发展做出贡献。

目　　录

第 1 章

绪　论

1.1　研究背景及意义

1.1.1　研究背景

自互联网技术快速发展并得到广泛应用以来，移动互联网、云计算、大数据、人工智能等新一代信息技术的迅速发展，给社会带来了巨大的变化与影响。数字经济时代，人们正经历由工业经济逐渐向数字经济的过渡和转变，社会经济的发展不再过度依赖物质材料的投入和能源的开发，而是依赖信息技术的应用和信息资源的开发利用[1]。数据作为生产要素，已成为继土地、劳动力、资本、技术后全球竞争的动力，促使全球经济形态从工业经济向数字经济转变。然而，随着人类活动范围的扩展，生活节奏的加快以及信息技术的进步，社会进入万物互联时代，带来海量数据的急速汇聚和生成，使得数据及信息量以指数级方式增长。

我国正处于经济转型期，随着数字经济的快速发展，国内形成了以自由竞争为重要特征的市场格局，中国企业也加快了进入市场的脚步。参与市场竞争的主体——企业为了把握宏观政策，规避市场风险，监视竞争对手，赢取竞争优势，逐步把竞争情报的收集与利用列为企业发展的重要议事日程，借用企业内部和外部的各种力量开展竞争情报活动。企业竞争情报是继资金、人才、技术之后的企业第四大核心竞争力，在很大程度上决定着企业未来的生死[2]。企业的竞争促进了企业竞争情报理论的发展，而网络时代的发展，又为企业建立和使用竞争情报系统提供了良好的条件。孙子曰：“知己知彼，百战不殆”。商场如战场，企业间的激烈竞争促使各企业重视竞争情报，并积极探索企业竞争情报的分析方法与应用研究。

竞争情报（Competitive Intelligence，CI）是战略管理的兴起、市场竞争的白热化和社会信息化高度发展的产物，是军事学—军事情报理论、经济学—竞争理论、管理学—决策理论、组织理论和战略管理理论，以及传统情报学相互融合的结果[3]。

竞争情报为企业决策者提供宏观经济环境和经济趋势，本行业的总体情况及趋势，同类企业的数量、地区和市场分布，以及竞争对手的资金状况、生产规模、技术装备水平、产品质量、服务质量、新产品开发动向和市场占有率等情况。从而，竞争情报为企业确立发展方向、经营战略、战略规划、战略目标提供科学依据，具有企业决策的智囊作用、市场导向的尖兵作用、商品营销的警示作用、技术交流协作的参谋作用、市场投资经济价值的揭示作用，保证企业实施正确的战略决策，是现代企业生存的重要基础和战略武器[4]。

“将您的公司和您的竞争对手区别开来的最有意义的方法，使您的公司领先于众多公司的最好方法，就是利用信息来干出色的工作。您怎样搜集、管理和使用信息将决定您的输赢[5]。”比尔·盖茨的这段话充分说明了信息对于现代企业竞争的重要意义。分析和处理信息将其变成更有价值的情报，成了企业在现代信息社会中提高竞争力必不可少的重要工作。因此，企业竞争情报的分析方法与应用研究顺应这一时代潮流而迅速兴起。

企业情报工作战略定位是企业的耳目、尖兵和参谋[6]。情报是解决特定问题的知识，是国家安全、发展战略的基础和支撑，是企业竞争的职业特征。要开展真正的情报工作，就应让情报工作回归“耳目、尖兵和参谋”的战略定位。2009 年 7 月“力拓间谍门”轰动全球，震惊中国政商界，导致中方损失人民币 7000 亿，充分体现了在复杂的竞争环境和巨大的利益争夺中，构建企业情报保护体系的重要性，亦即企业竞争情报获得和保密体系的重要性和反竞争情报体系的关键作用。

企业情报管理工作是企业信息管理系统的一个组成部分。本书将以管理科学理论及系统科学理论为指导，在信息科学实践的基础上，对企业竞争情报的理论进行深入的探讨，提出一些可行的新的分析方法；着重在企业竞争情报的应用方法上进行研究，以优化企业智能管理系统，并为企业管理决策分析提供科学有效的信息支持，从而很大程度上提升企业的竞争力。

企业竞争力的获得，早期主要是依靠土地等物质资源和能源的占有，随着市场变化的加剧和科技的迅猛发展，人们逐渐认识到信息、数据对企业获取竞争优势的重要意义。能源、材料和信息被认为是信息社会的三大支柱，这直接导致了竞争情报的产生和发展。然而，再生的物质资源的有限性形成了对社会和经济发展的严重障碍，而社会和经济的持续发展必须依靠物质资源以外的动力——知识[7]。

21 世纪，人类社会已经步入知识经济的时代。著名管理大师彼得·德鲁克称："我们已经进入一个知识社会，知识成为最重要的经济资源，知识工作者将扮演着核心角色"[8]。具体体现为：知识成为经济发展的决定性要素，信息技术的广泛应用使知识的传播速度加快、范围扩大，消费者对知识型产品的需求越来越大，经济全球化进一步得到强化[9]。

知识管理（Knowledge Management）是新时代条件下一种先进的企业管理思想，它在企业构建自己的竞争情报系统的过程中有着重要的启发作用。知识管理与竞争情报密不可分，都是以信息和知识为基础。它们的实施过程都是从基本原始数据开始，通过搜集、分析、决策等一系列过程，最终的结果都是知识产品[10]。

概言之，竞争情报主要侧重于企业外部环境的监控，其目的在于设法获取竞争对手和市场环境的信息，帮助企业规避风险、识别机会、寻找商机，提升企业竞争力。知识管理侧重于企业内部环境的优化，从内部管理入手，通过在企业内部建立共享与创新机制，帮助企业营造一种有利于知识交流和共享的氛围，使组织和个人的智慧得以发挥，从而提升企业的竞争能力[11]。企业要想在激烈的竞争环境中求得生存与发展，必须内外兼修，统筹兼顾，合理进行竞争情报管理和知识管理，才能够有效地提高企业竞争力。因此，将知识管理纳入企业情报管理工作范畴具有深远的意义。

1.1.2 研究意义

本书的一个研究重点是，在当前新的政治经济科技环境下将知识管理纳入企业竞争情报管理工作体系的范畴，在此基础上来探讨和研究基于知识管理的企业竞争情报管理工作的方法及应用。目前，将知识管理正式纳入企业竞争情报系统，并将企业竞争情报管理工作的方法和应用结合起来进行专门研究的文献还比较少，而且大多是从管理层面和理论层面进行论述，很少从系统管理工作方法和应用层面对企业竞争情报体系进行深入研究。因此，选择“新形势下企业情报管理工作方法与应用研究”为研究课题，并将知识管理纳入竞争情报研究体系具有重要的理论价值和现实意义。

首先，具有坚实的理论基础。近年来，知识管理在企业竞争情报中的应用是情报学的研究热点。虽然在 2000 年 1 月至 2020 年 12 月期间，中国知网数据库中有关竞争情报及相关方向核心论文有 8670 篇，知识管理方面的核心期刊论文有 26716 篇。但是，将两个方面结合在一起的核心期刊论文仅有 503 篇[12]。而在相同时间段内，Ei Compendex（工程索引文摘数据库）中以 Competitive Intelligence 为主题的国际高水平文献则共有 37624 篇，Knowledge Management 的高水平文献则高达 194120 篇，尤其 2010 年之后，相关高水平论文一直保持高位增长[13]。国内外相关高水平学术文献为本书的研究提供了理论依据。

其次，具有重要的研究价值。在数字经济时代，知识经济是数字经济的核心。在数字经济背景下，竞争情报是提高竞争力的核心资源，是企业的第四核心竞争力；竞争情报的实施能够提前预见市场危机，快速捕捉市场机遇，高效地进行企业内部管理和沟通，从而提升企业的竞争力。因此，竞争情报的研究已经成为近年来情报学领域和管理学领域的研究热点。但是，对竞争情报的分析方法和将知识管理纳入竞争情报管理范畴内进行有效管理却没有进行充分研究。对竞争情报的分析流程进行分析及改进，对企业竞争情报管理工作中的知识管理进行深入研究，并将知识管理正式纳入企业竞争情报工作中，辅助企业及时提升情报管理的方法，是本书的研究价值所在。

再次，具有重要的应用价值。任何理论，只有应用在时代背景中，应用在具体实践中，才能体现理论的价值；只有和时代背景与实践相结合，才不是无源之水，无本之木。情报学在时代背景与实际管理中的应用，一直以来都是情报学研究的重要的课题和热点，而竞争情报的获取、生产和传播都是通过竞争情报系统来实现的。无论是个人、企业或者国家，均是在特定的时代背景中通过一定的情报系统来获取竞争情报，并合理地利用获取的竞争情报，结合自身的实际情况和环境，来提升自身的竞争力。商场如战场，数字经济时代商业竞争中对竞争对手、行业趋势、国家政策等竞争情报的全面、及时地掌握决定着企业的兴衰成败。本书的研究成果可以结合竞争情报的特点，借助知识管理理论及信息技术直接应用于企业管理的流程和决策活动之中。

最后，具有重要的创新价值。近年来，竞争情报及知识管理理论的发展以及竞争情报分析方法的不断完善，为本书的研究提供了重要理论与实践基础。随着全球竞争加剧，国际经济政治环境变化加快，企业面对的竞争环境日趋全球化、复杂化，每天需面对浩如烟海的知识和信息，如何有效地利用并在整个企业将这些知识和信息有效地共享，是企业管理部门必须面对的难题。传统的竞争情报的分析流程和情报管理工作模式已经不能适应企业高速发展的需要。在这种情况下，探索使用相关信息技术与管理方法解决企业竞争情报的相关问题，并将知识管理方法应用于企业竞争情报管理工作，具有一定的创新性。

1.2 研究内容与框架设计

1.2.1 研究内容

本书研究内容主要包括以下两点。

（1）结合当前的政治经济和科技时代背景，基于管理学、情报学、信息学、人工智能、认知科学、复杂性科学、决策科学、经济学、管理科学、知识科学、大数据管理、系统工程和系统科学对企业竞争情报分析模型进行研究，重点对竞争对手分析流程及基于知识管理的企业竞争情报分析流程进行分析，并在此基础上对其进行改进。

（2）将知识管理纳入企业情报管理工作的范畴，企业外部竞争情报分析构筑企业竞争情报工作的外部情报工作架构，企业内部知识管理构筑企业竞争情报工作的内部情报工作架构，二者一起构成了企业竞争情报工作的完整工作体系——新形势下企业竞争情报管理工作体系模型。

1.2.2 框架设计

本书的主要内容和结构安排如图 1-1 所示。

第 1 章是绪论，主要介绍本书的研究意义、范围、思路以及创新点等。

第2章为研究综述部分，包括竞争情报、知识管理及两者之间关系研究三个部分。

第3章是竞争力评判指标构建部分。本章首先对企业竞争环境所面临的新形势进行了分析，并对四个综合评价的方法进行了评析，选用模糊综合评判法构建新形势下企业竞争对手综合竞争力评判指标体系，并用层次分析法确定了各指标体系的权重，简化了企业竞争对手分析的流程。

第4章是对企业竞争情报分析流程的研究和改进。本章构建了新形势下企业竞争情报分析流程，基于竞争情报与知识管理的融合机理，在竞争情报分析流程中设置了企业知识库和企业知识共享平台，提高了企业竞争情报分析的速度和效率。

第5章构建了新形势下企业情报管理工作体系模型，在模型的知识获取体系中引入双库协同机制；在企业情报管理工作体系所需的知识支持部分，提出了“有界的知识共享环境”“无界的反情报环境”等理念。

第6章基于第3至5章的综合研究成果，选择以Z企业为例，对快递企业的客户管理模块及新形势下企业竞争对手综合竞争力评估方法进行了实证研究。

第7章对本书进行了总结，并对未来研究工作进行了分析展望。

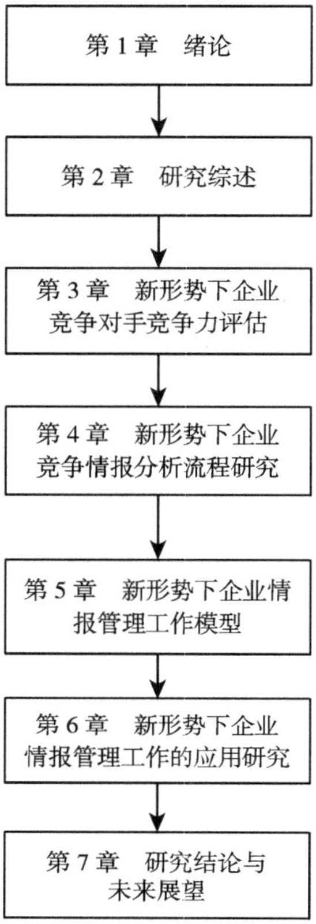

图 1-1　本书组织结构图

1.3　研究思路与技术路线

1.3.1　研究思路

本书针对以上方案的可行性和设计方法进行论述，先从当前企业竞争情报现状入手，发现问题并提出解决思路，然后从验证其可行性方面给予相关政策、技术、企业特点等要素的分析，并在第六章分别就新形势下企业竞争情报管理工作的应用给予技术设计与案例上的支持。总体上来看，本书研究的重点不是以往广为关注的网络或软件技术，而是竞争情报分析模型和管理的方法。全书在研究竞争情报的分析模型和新形势下企业情报管理方法时，主张以“人”为核心，构建以人为本的企业文化，提出“有界的知识共享环境”和“无界的反竞争情报环境”，对竞争情报分析模型进行改进，最后构建了新形势下企业竞争情报管理工作模型，如图 1-2 所示。

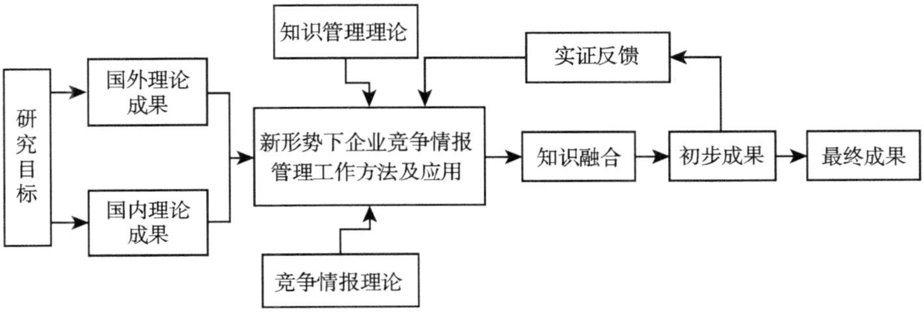

图 1-2 研究思路

本书以定性分析为主，借助定性和定量模型，着重从竞争情报分析模型入手，探索新形势下我国中小企业开展竞争情报工作的技术和管理上的优势，以新一代的信息技术、人、情报为研究核心，验证不用投入太多资金，不用引进复杂的管理信息系统，同样可以找到新形势下适合我国中小企业的企业竞争情报管理方法与应用的新思路。

本书的研究属于多学科交叉研究，所涉及的管理学和信息技术理论包括：管理学、情报学、信息学、认知科学、复杂性科学、决策科学、经济学、管理科学、知识科学、系统工程和系统科学、供应链管理、信息管理与信息系统、大数据管理和智能信息处理等。在这些理论的指导下，本书首先将基于国内外已有的理论和实践成果，针对企业竞争情报管理工作的自身特点，对其中的知识管理系统和运行机制进行研究。通过对上述知识的融合，形成一套完善的企业竞争情报管理工作体系。其次，在建立该体系的前提下，本书将结合实际课题选择快递企业进行实证研究，针对快递企业内部情报管理工作中关键的客户分析方法进行研究，从而最终形成一个实用的研究成果。

1.3.2 技术路线

本书拟采取“方法研究、模型构建、应用分析”的技术路线，具体实施步骤体现在如下四方面，如图 1–3 所示。

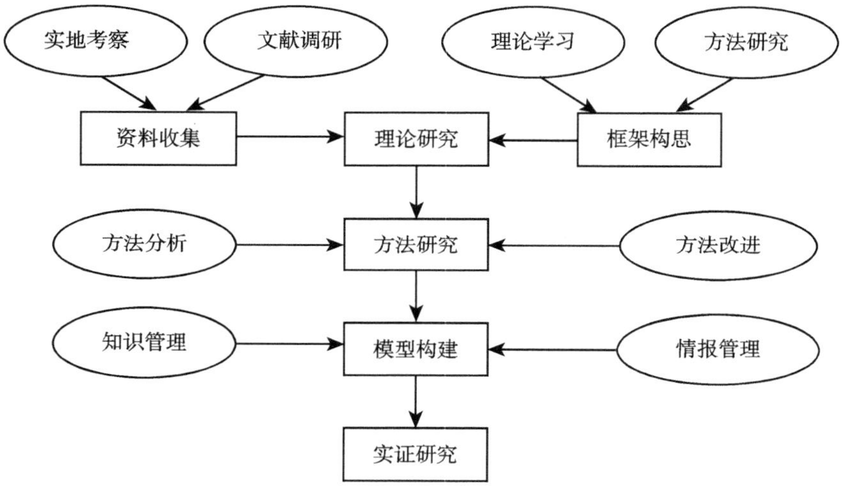

图 1–3　技术路线

（1）首先对当前竞争情报与知识管理研究状况进行研究和总结，掌握目前国内相关研究现状。

（2）构建了新形势下企业竞争对手竞争力评判指标体系，利用层次分析法确定其权重，最后选用 3 个不同级别的竞争对手进行实证研究。对新形势下企业竞争情报分析流程进行研究，并对该流程模型进行改进。

（3）在系统研究目前情况的基础上构建基于知识管理的企业竞争情报管理工作模型。

（4）对新形势下企业竞争情报管理工作在Z公司中的部分应用进行研究并给出相关建议。

本书所取得的阶段性成果体现在以下三个方面。

（1）建立了竞争对手竞争力评判指标体系，从财务能力、情报能力、品牌能力、创新能力和产品能力5个方面，对复杂竞争环境中可能的竞争对手进行综合竞争力评价，确定竞争对手的竞争等级后，对其采取相应级别的竞争监测与竞争分析，简化了企业竞争情报分析的流程，增强了企业风险预警能力。

（2）构建了新形势下企业竞争情报分析流程，基于竞争情报与知识管理的融合机理，在竞争情报分析流程中设置了企业知识库和企业知识共享平台，提高了企业竞争情报分析的速度和效率。

（3）将知识管理纳入企业竞争情报管理工作体系，基于竞争环境的复杂性，利用竞争情报构筑企业外部知识平台，知识管理构筑企业内部知识平台，两者共同构筑新形势下企业情报管理工作。在此基础上构建了新形势下企业竞争情报管理工作体系模型，集知识管理和情报管理为一体，有效地节约了企业资源，提升了企业情报管理工作效率，增强了企业整体竞争力。

第 2 章

研 究 综 述

2.1 竞争情报研究综述

2.1.1 竞争情报的概念及发展历程

1. 竞争情报理论的概念

竞争情报产生于二次世界大战后，日、美、欧发达工业国家间的商业竞争，是市场竞争激化和社会信息化高度发展的产物，是军事学—军事情报、经济学—竞争理论、管理学—工商管理和情报学相互交融的结果。20世纪80年代，随着东西方冷战的结束、军事技术向民用领域转移的历史潮流及信息技术和互联网的发展，竞争情报迅速地崛起，有关竞争情报研究也在全球蓬勃兴起。目前竞争情报仍处于发展完善的阶段，因此至今尚无统一的定义。

目前，竞争情报比较经典的定义有以下内容。

1969年，理查德·平克顿在一篇题为《如何开发一个营销情报系统》的文章中最早给竞争情报下定义："就是分析和解释制定规划、战略和进行战术决策所必需的某些工商信息。这些决策可以用于实现企业的所有功能，但是主要是用于实现营销功能。它包括一个有组织的系统来为企业的运行部门指导、收集、产生和传递情报[14]。"从定义内容来看，竞争情报就是营销情报的另一种说法。

美国竞争情报专家协会认为，竞争情报是一种过程，在此过程中人们用合乎职业伦理的方式收集、分析和传播有关经营环境、竞争者和组织本身的准确、相关、具体、及时、前瞻性，以及可操作性的情报。

中国科技情报学会竞争情报分会理事长包昌火先生指出，竞争情报就是关于竞争环境、竞争对手和竞争策略的信息和研究。它既是一种过程，又是一种产品。过程，是指对竞争情报的收集和分析；产品，是指由此形成的情报或策略[15]。

相比情报学，竞争情报实用性更广泛，实用价值更大。因此对比学者的定义，企业家定义更为形象和具体。美国著名竞争情报专家、竞争情报专业咨询公司 Fuld & Company 创始人及总裁 Leonard Fuld 先生这样诠释竞争情报的——：

竞争情报是：①为了帮助决策而经过深入分析加工的信息。②一种预警工具，能够及早地提醒管理者将面临的机会与威胁。③提供合理评估的一种手段：竞争情报能够以最佳的视角看待市场与竞争。现代的企业家需要的是对市场与竞争进行定期的、合理的评估与分析，他们并不关注琐碎的细节。④以多种形式提供：对于不同的使用者，竞争情报意味着不同的内涵。研发人员看到的是竞争对手的最新研发计划；销售人员考虑的是本企业如何在竞标中战胜对手，赢得合同；高层管理者需要的是对手企业及市场的长期发展趋势等。⑤改善企业运行的一种方式：许多企业通过使用竞争情报，其销售额明显提高。⑥一种工作方式和工作流程：如果使用正确，竞争情报应成为企业每一个员工的一种工作方式，而不应当仅仅局限于战略规划和市场营销部门。竞争情报是一个工作流程，可通过企业内部网络为任何人提供所需的关键信息。⑦国际一流企业工作中的重要部分：一流的大型企业都在持续不断地进行竞争情报工作，如摩托罗拉、IBM、爱立信、壳牌等企业都设立了专职的情报部门。⑧由企业高层管理者指导：只有在 CEO 的指导与推动下，情报工作才能获得最佳效果。当然 CEO 们不必亲自参与项目的实施，但要给予必要的资金与人力支持。⑨目光时刻关注企业以外：竞争情报赋予企业时刻关注外界的能力，并将对手及市场的动向作为企业决策的重要依据。⑩短期和长期决策都不可或缺：竞争情报可为快速的战术决策服务，如产品定价和广告投放等，而同样的数据又可用于长期规划，如战略产品开发和市场定位等。

竞争情报不是：①工业间谍：间谍是用非法的或不道德的手段获取情报。没有哪一家企业愿意被对手告上法庭或被迫撤换董事会成员，因此，工业间谍并不受欢迎。②预见未来的“水晶球”：即使最优秀的竞争情报人员也不能先知先觉。他只能提供对未来世界较为合理的估计，包括近期和远景，可为管理者提供关于对手和市场动向等的预警信号。③数据库检索：数据库是获取数据的极好工具，但它无法分析数据。数据库不能代替人们做决策，因为决策要在对数据进行充分分析的基础上，融合经验、直觉等才能做出。④因特网上的流言蜚语：因特网奇迹般地提高了我们获取信息的能力，但它只是一种传播媒体。它的价值在于多了一种信息的来源，但要警惕那些无稽之谈和经过粉饰、企图误导人们的伪信息。⑤独角戏：某些企业的 CEO 会指定某一个员工具体负责竞争情报工作，但一个人是无法完成全部竞争情报工作的。一个优秀的竞争情报工作者应随时与企业管理层保持密切的联系，并且要对企业其他部门（尤其是直接面对客户的部门）的员工进行竞争情报采集与使用的培训，以使竞争情报工作发挥更大的作用。⑥ 20 世纪的发明：竞争情报和商业一样古老，过去它被冠以多种名称，或者根本就没有名字，但类似的工作却一直存在着。⑦能产生情报的软件包：目前，世界上的确有许多软件系统对竞争情报工作有所帮助（如数据仓库和数据挖掘产品等）。但软件不能代替人的分析，软件所能做的只是对信息进行采集和比较，真正的分析只能来源于人对信息的深入研究。⑧数据表格：提供情报的形式多种多样，数据表格或量化分析结果只是其中的一种形式，数字只能表现问题的一个方面。诸如管理思路、市场战略及创新能力等重要信息，则只能依赖于人的定性分析判断。⑨新闻故事：在企业竞争情报工作的初始阶段，收集出版的新闻是重要的第一步，但这类信息通常不够及时，因此不能对此过于依赖。如果一个企业的第一消息是来自于报纸，则该企业很有可能是最后一个得知此事并且已经延误了准备应对措施的最佳时机。出版物必须与其他信息源配合使用，或作为印证其他信息的一种手段。综上所述，竞争情报既是一个产品，又是一个过程。

作为一个产品，它是一种经过加工的信息，这种信息必须是：①关于组织外部及内部环境的；②专门采集而来，经过加工而增值的；③为管理者决策提供支持的；④可帮助组织赢得和保持竞争优势。

作为一个过程，它是一个可以实现价值增值的过程，这个过程必须是：①帮助企业管理者分析对手、供应商和环境，降低风险，提升企业竞争力；②使企业管理者能够预测商业关系的变化，把握市场机会，抵抗威胁；③预测对手的战略，发现新的或潜在的竞争对手，学习他人成功或失败的经验；④洞悉对公司产生影响的技术动向，并了解政府政策对竞争产生的影响，规划成功的营销计划；⑤能够作为组织的长期战略资产。

2. 竞争情报理论的发展历程

以1986年美国竞争情报从业者协会（Society of Competitive Intelligence Professionals，SCIP）的成立为标志，竞争情报理论的发展迄今虽然才短短的二十几年，但其影响已经遍及世界各地，被视为经济学、管理学与情报学领域中的重大发展，是人类在社会信息化基础上向情报（智能）化发展的重要征兆，将对全球的经济发展与社会进步产生重要的影响[16]。

Kirk W. M. Tyson先生在1998年就指出，人类社会的发展将由工业时代经信息时代进入情报时代（Intelligence Age）。[17]他论述了人类在20世纪经历了科学管理、人际关系管理、作业研究、战略规划、日式管理后，90年代正向认知管理（Cognitive Management）迈进，强调思考、学习和知识获取、信息和情报管理。人们进入了信息时代，而一些深谋远虑的企业已经预见到下一个浪潮：情报（智能）时代的到来。竞争情报理论发展大约分为三个阶段。

（1）孕育与初步发展阶段（1957—1979）

竞争情报与美国渊源颇深，与美国经济的发展密切相关。现代竞争情报源自于二次世界大战后日、美、欧发达工业国家间的商业竞争，并随着60年代—70年代日本制造业崛起，美国制造业的逐步衰落而逐步发展。在此期间，国内关于竞争情报的研究很少，主要还是对情报学的研究。

（2）发展与壮大阶段（1980—1999）

80年代—90年代中期，美国制造业重振雄风，竞争力日增。竞争情报的理论与实践也随之丰富发展，并且竞争情报也具体运用到公司的日常运营管理中。调查显示，在1995年，美国的大公司仅1%有健全的竞争情报部门，小公司仅有0.5%。到1998年，本部在美国、年收入超过100亿美元的跨国公司82%在内部设有专门的竞争情报机构；本部在美国、年收入10亿美元以上的公司中，有60%宣称拥有竞争情报系统。

在此期间，竞争情报在我国也得到了系统化、组织化的发展。20世纪80年代中期，以缪其浩先生领衔的上海科技情报所为代表的一些地方情报研究机构相继对竞争情报进行了理论分析、课题研究等形式的研究。[18-21] 1992年，上海科技情报研究所发表了《中川十朗教授竞争情报报告会内容简介：竞争情报的基本概念和内容简述》和《美国竞争情报专业人员协会介绍》两篇文章，介绍日本和美国企业竞争情报的发展情况。随着SCIP全球拓展工作推进小组的成立，我国开始成立“中国科技情报学会情报研究暨竞争情报专业委员会”，又称“中国竞争情报学会”，开始对竞争情报进行有组织和相对正规化的研究和应用，是国内信息界和咨询界的一个联合学术团体。1995 年 4 月，在专业委员会的基础上，中国科技情报学会竞争情报分会正式成立，对外称为竞争情报专业人员协会中国分会，挂靠在中国兵器工业情报所，标志着竞争情报在中国已经步入一个组织化、正规化的群体研究阶段。目前中国竞争情报分会的团体会员 532 家，个人会员 1058 位，该分会自 1994 年以来先后在北京、湖北宜昌、贵州贵阳、安徽黄山、福建厦门和广东珠海等地组织召开了 15 次全国性的竞争情报学术研讨会。值得特别指出的是，国际著名竞争情报专家、美国匹兹堡大学商学院教授普赖斯科特（John E. Presott）博士和加拿大竞争情报学院院长 Jonathan Calof 教授先后应邀来华开讲，对促进我国竞争情报的国际合作和交流起到了很好的作用。

与此同时，我国政府部门也开始重视竞争情报工作。90 年代初期，上海市政府下达了“上海轿车行业竞争环境监视系统”的研究课题，标志着竞争情报工作受到政府的重视；1994 年 1 月，北京市科委实施了竞争情报示范工程，以其作为北京市工业企业振兴计划的重要内容；2000 年，云南省科委正式启动云南省竞争情报示范工程。继北京市竞争情报示范工程与云南省竞争情报示范工程之后，湖南省、四川省在政府大力支持下也相继开展了竞争情报示范工程。湖南省委省政府高度重视竞争情报工作，省领导多次强调开展竞争情报的重要性，提出了由科技部门牵头，建立湖南省竞争情报中心，为企业、产业提出有重要参考价值的情报。在省委、省政府的正确领导和大力支持下，湖南省竞争情报工作稳步发展，初步建立了一批竞争情报研究与应用机构，探索开展了系列竞争情报实践活动。

（3）高速发展阶段（2000—至今）

21 世纪以来，由于信息技术的发展，互联网的广泛应用，竞争情报理论高速发展，企业竞争情报系统普遍建立，高效运行。到2009年，几乎每个美国的大公司都设立有完整健全的竞争情报部门。

一方面，我国的竞争情报在国内经过概念导入期、群体研究期之后，在21世纪开始进入应用期。越来越多的咨询机构和高校及研究机构开始深入研究竞争情报的方法论，并开发出系列实用工具，辅助企业应用；越来越多的企业认识到竞争情报对企业的重要性，积极引进实施，并取得良好效果，联想、海尔、长虹、中国电信、中海油等都是其中的典范。相对而言，国外的竞争情报源自商业情报，而我国则是从科技情报基础上发展起来的，因此从业人员往往更关心技术而不怎么关心商业情报、市场情报，导致我国竞争情报整体力量的薄弱。另一方面，国外从事竞争情报的大部分人员都有MBA背景，且有多年企业管理经验。如日本工商竞争情报专家协会会长中川十郎，曾从事国际商业情报20多年，具有丰富的企业管理经验知识，是市场分析方面的专家。其研究成果极具实用性，有很高经济价值。而我国从业人员大多数是原来的企业情报人员、科技情报人员和高校情报专业毕业生，他们缺乏领导企业参与市场竞争的实际经验和企业经营管理经验，缺少对企业竞争情报需求的了解，导致我国企业竞争情报工作出现了水平低，应用研究成果少，理论探讨与学术研究多，工作方法与工作经验交流少等现象。

在全球市场中，数据充斥、瞬息万变，把竞争对手的信息转化为可利用的情报，在各行各业都成为空前强烈的需求。竞争情报是企业通过搜集、整理、分析后得到的关于企业内部和外部竞争环境的信息。通过竞争情报活动，企业可以进行商业环境监测，跟踪技术变化，了解影响公司业务的政治动向、法规变化、监测主要客户动向，跟踪市场需求变化，预期现有竞争对手的行动，发现新的或潜在的竞争对手。它可以为企业提供决策支持，如确定收购目标，决定企业的竞争方式，进行生产决策，决定是否进入新的业务领域，开发新市场，决定技术研发方向等。它还可以为企业提供学习功能，如进行技术借鉴，进行定标比超，采用最新的管理工具和方法，学习其他组织成功或失败的经验，激活机制，避免思想僵化等[22]。

竞争情报是市场剧烈竞争和社会信息化高度发展的产物，既是企业发展的重要基础，也是情报研究工作的延伸和发展，已成为信息界和企业界关注的热点。竞争情报的内容包括情报收集和情报分析。一般由四个方面组成：①理解竞争性质，包括竞争环境、行业竞争特性、竞争场所等；②理解竞争者，包括识别竞争者收集竞争者情报，推断对手的竞争策略等；③分析竞争形势，包括竞争态势和地位分析，优势、弱点、机会、威胁（SWOT）分析，未来竞争动向和趋势推测等；④制定制胜的竞争战略。竞争情报核心内容是对竞争对手信息的收集和分析，是情报与反情报技术。竞争情报主要涉及环境监视、市场预警、技术跟踪、对手分析、策略制定、竞争情报系统建设和商业秘密保护等重要领域，是企业参与市场竞争的导航，是商战中知己知彼，百战不殆的决策依据。

2.1.2 竞争情报研究的新动向

竞争情报在我国经过六十多年的发展，已由学术研究进入应用实践，由高等院校、情报机构进入工商企业，各界对竞争情报的认知率逐渐上升，竞争情报的发展进入到了一个更注重实践和效益的阶段。当前，竞争情报研究的新动向主要有以下几个方面。

（1）竞争情报与知识管理的关系

主要探讨如何使竞争情报融入知识管理过程中，并成为知识管理的关键部分，竞争情报在知识管理领域中的发展机会，竞争情报与知识管理的融合等。

（2）国家竞争情报（National Competitive Intelligence，NCI）[23]

企业竞争情报的研究一向都是竞争情报研究的重点和热点，但对于区域和国家竞争情报问题的研究却一直很缺乏。当前，全球性重大问题正成为国际社会和人类面临的重大挑战，全球气候变化、能源危机、环境恶化、粮食危机、水资源危机以及重大突发性自然灾害、传染性疾病等非传统安全问题。国家竞争情报体系是从国家竞争战略的高度出发，通过充分开发和有效利用知识、信息和智力资源来提高国家竞争能力的各种机构及其相互关系的总和，是国家竞争战略管理和信息的整体配合和有机协调[24]。在新时期新形势下，国家竞争情报[25]应肩负起它的使命。我国应在结合国内现状的基础上，密切注意国际形势，从战略的高度做出前瞻性的研究和部署，以国家战略目标为导向，在经济社会发展中发挥先导性的作用，建立战略预警体系，从战略层面对各项重大问题进行总体态势识别、综合评估、定量诊断和警情预测，建设国家突发公共事件预警信息发布系统，通过预先引导进行科学决策，及时化解危机。由国家有关部门牵头，联合相关部委制定重大问题专项应急预案，制定和实施相应的战略规划，统筹应急基础工程建设，加快国家应急平台体系建设。

（3）把握竞争情报的合法性

伴随着竞争情报工作的深入发展和完善，反情报能力与商业秘密保护成为企业面临的又一个重要问题，如何识别和锁定竞争对手的恶意情报行为，如何有效地保护商业机密，正在引起情报人员的高度关注。周九常（2010）指出，在我国企业的经营管理活动中，涉及情报保护工作主要有两项：一是企业保密工作，二是企业反竞争情报工作[26]。

（4）有效地利用网络资源

随着信息技术的提高和上网设备成本的下降和居民收入水平的提高，

互联网正逐步走进千家万户，越来越多的居民认识到互联网的便捷作用。根据中国互联网络信息中心2021年2月3日发布的第47次《中国互联网络发展状况统计报告》，截至2020年12月，中国网民规模达9.89亿，手机网民规模9.86亿。报告称，“中国网民规模稳居世界第一位，近十亿网民构成了全球最大的数字社会”。到2020年12月，中国的网民总体规模已占全球网民的五分之一左右。“十三五”期间，中国网民规模从6.88亿增长至9.89亿，五年增长了43.7%[27]。

截至2020年12月，中国互联网普及率达到了70.4%，5G网络实现范围性覆盖，IPV6部署成效非常明显。与传统媒介相比，网络传播信息可以打破地域界限，拥有较强的时效性，而且还能混合多种信息一起传播。大数据等信息技术的迅猛发展为竞争情报工作带来极大便利的同时也带来了前所未有的挑战。然而，大部分有价值的情报是存在于“人”的头脑中的[28]，因此，如何有效地利用互联网与“人”进行有效的沟通是获取最有价值情报的重要渠道。在现实生活中，人与人之间联系与沟通有较大的局限性。当“人”聚集于网络中时，如何有效地从网络资源中获取竞争情报，竞争情报研究就显得非常重要。

（5）其他方向

如何在企业兼并、收购以及合作方面充分发挥竞争情报的作用；如何更好地开展定标比超（Benchmarking）工作，使其在提高企业经营业绩和开发新产品中发挥更大的作用等。

2.1.3 企业竞争情报与企业竞争情报系统

1. 企业竞争情报

企业竞争情报是竞争情报活动中的一个分支，是企业为了本身的生存与发展，为了在市场竞争中赢得优势所需求的经过加工的信息。企业竞争情报活动的基本程序一般分为竞争情报的收集、竞争情报的整理、竞争情报的分析、竞争情报的应用、竞争情报应用结果评价[29]。

从企业竞争情报活动的具体情况来看，也离不开以下情报活动流程：①通过各种媒体以及各种载体，运用各种合法的手段获取信息；②运用相关的方法和软件对获取的信息进行综合分析，得出相关竞争情报；③根据竞争情报提出战略决策建议；④提升企业核心竞争力，获取竞争优势。

企业竞争情报是一种动态的综合情报，利用这种情报在企业领导集团的决策活动中获利最早和最多的是日本的企业。20世纪60年代，中国大庆油田的位置、规模和加工能力是严格保密的。日本炼油设备企业为了确定能否和中国做成炼油设备的交易，迫切需要知道大庆油田的位置、规模和加工能力。为此，日本企业情报机构从中国公开的刊物中收集了大量有关的信息，对所收集的信息进行了严格的定性及定量处理后得出了有关大庆油田的位置、规模和加工能力的准确情报。

企业情报机构首先搜集所有有关大庆的公开信息，经过全面分析做出的相关判断和推算（从王进喜的穿戴判断出油田的位置在齐齐哈尔至哈尔滨之间，从人拉肩扛钻井设备的报道中判断出井场离火车站不远，从塔直径与栏杆的相对尺寸推算出炼油厂的加工能力，等等），通过一系列逻辑相关的推理和数学相关的计算之后，再把这些单个的分析结果用多学科的综合方法归纳起来进行比较分析，进而获取了大庆油田位置、规模和加工能力的情报，得出了中国需要进口炼油设备的结论。

从方法论的角度来看，日本企业情报机构获取大庆油田情报所需要的信息，都是从公开的资料中用常规方法取得的，所以没有有关大庆油田的信息也就无法得到相关的情报。从大量庞杂的信息中提炼出相关的情报，也反映了信息与情报的本质差异：信息本身并不能自发地构成情报，必须对信息进行多学科的综合处理，才能从杂乱的信息中获取严格的、准确的情报，为决策提供依据和参考，最终达到提升企业核心竞争力的目的。

企业竞争情报可以提升单个企业的核心竞争力，当一个地区或国家的企业都利用竞争情报来提升企业竞争力时，企业竞争情报将直接推动该地区和国家的经济发展。《泛英情报观察》指出，20世纪末期，日本经济一直徘徊于低谷，日本政府出台了多项经济政策促进经济发展，以提高竞争力，但收效甚微。近年来，日本政府和企业不断加大经济情报的猎取力度，希望通过借助外力来拯救自己。不仅日本政府的情报机构重视经济情报的搜集与利用，各大财团亦十分重视企业情报工作，并建立起了遍布世界各地的“商社情报网”。日本在海外的8000余家企业中，有1000余家设有企业竞争情报机构，每天传送的竞争情报信息量多达6000余页。尽管许多经济情报搜集活动表面上是由日本私人企业、科研院所组织实施的，但实际上日本政府与企业界有着密切的联系，企业的大部分此类活动都是在政府情报机关的指导下进行的。据日本《朝日新闻》披露，这一情报网的顶端是通产省，通产省对各大企业的要求可概括为三方面：一是调整各企业起伏不定的利润；二是制定相应政策，以便推荐给政府做参考；三是促进国际交往，搜集经济情报。据韩国媒体统计，日本的情报活动有85%，甚至可能有90%是直接用于促进经济发展的。

2. 企业竞争情报系统

企业竞争情报系统（Enterprise Competitive Intelligence System，ECIS）是在企业竞争战略管理实践中出现的新概念，竞争情报的获取、生产和传播是通过竞争情报系统来实现的。和竞争情报尚没有一个公认的、统一的定义一样，竞争情报系统的定义在国内外目前也没有一个公认的、统一的论述[30]。

关于企业竞争情报系统定义比较权威的看法如下。

美国竞争情报从业者协会前主席、匹茨堡大学商学院教授John E. Prescott博士认为，企业竞争情报系统是一个持续演化中的正规和非正规化操作流程相结合的企业管理子系统，它的主要功能是为组织成员评估行业关键发展趋势，把握产业结构的进化，跟踪正在出现的连续性与非连续性变化，以及分析现有和潜在竞争对手的能力和动向，从而协助企业保持和发展可持续性的竞争优势[31]。

竞争情报分会理事长包昌火先生认为，竞争情报系统是以人的智能为主导、信息技术为手段、增强企业竞争力为目标的人机结合的竞争战略决策和咨询系统。竞争情报系统可以为企业培育和维持竞争优势提供强有力的智力支持和情报保障，因此可将其看作是企业领导集团制定经营战略和竞争策略的“中央情报局”[32]。

胡星光等人在总结了国内外关于竞争情报系统定义的一些论述的基础上指出，虽然竞争情报系统和竞争情报一样，尚没有一个公认的、统一的定义，但是它还是具有一些基本的特点：①竞争情报系统是一个管理系统，是为企业的经营战略和竞争决策服务的；②竞争情报系统是信息系统，它的发展与信息技术的进步密切相关；③竞争情报系统是一个人机系统，人的智能永远是其核心因素；④竞争情报系统是个开放系统，与外界环境始终保持着密切联系；⑤竞争情报系统是一个战略系统，是通过企业内外信息资源的开发与利用来赢得和发展企业的竞争优势的战略应用系统。[33]

对于竞争情报系统，比较典型的定义如下。

①竞争情报系统是企业为了竞争制胜的需要而设置的竞争情报搜集、加工、贮存、分析、研究、管理和保障等因素相互联系的完整集合；②竞争情报系统，亦称战略信息系统，是面向企业竞争发展需要的新一代信息系统。它是从企业竞争战略的高度出发，通过充分开发和有效利

用企业内外信息资源来提高企业竞争实力的信息系统，是运用现代技术支持或体现企业竞争战略为企业获得或维持竞争优势的信息系统；③竞争情报系统是指对反映企业内部和外部竞争环境因素或事件的状态或变化的数据或信息进行收集、存储、处理和分析，并以适当的形式将分析结果（即情报信息）发布给战略管理人员的计算机系统，简称为基于计算机信息管理的竞争情报系统；④竞争情报系统是以人的智能为主导，信息网络为手段，增强企业竞争力为目标的人机结合的竞争战略决策和咨询系统。

综上所述，本书认为竞争情报系统是在现代信息技术支持下，以人的智能为主导，对各种不同类型的知识和信息进行管理，包括信息获取、分析、创造、共享、保密等过程，从而实现增强企业应变能力，提升企业创造价值能力和企业核心竞争力的目标，为企业提供智力支持的管理信息系统。

企业竞争情报系统是企业在经济全球化、网络化、信息化和知识化下的产物，其运行状况直接决定企业未来的发展。竞争情报系统的三大要素是人、知识和信息技术。不同企业的竞争情报系统，其要素的组成也略有差异，研究型企业的竞争情报系统重点依靠情报人员搜集和研究国内外相关政策和技术的发展，而商业流通型企业则更注重建设信息管理系统，以获取更精确的市场数据等。企业竞争情报系统管理工作包括对外竞争企业情报、内部知识和企业人员的管理工作。要使竞争情报系统最有效地为企业发挥作用，必须有效地利用信息技术使企业情报的收集、分析、服务反馈、管理决策应用各环节紧密配合。对竞争情报的管理是从情报的收集、分析研究、利用与决策开始的[34]。

人是关键性因素[35]，对情报人员的管理尤为重要。首先要保证其素质与技术水平，情报人员要学会如何快速、广泛地收集情报，无论是从书籍、报刊、产品目录等收集，还是从第三方获得，都需有细致、全面、认真的态度，还要掌握计算机技术，拥有很好的人际圈子，争分夺秒的意识，做到以上这些，才能收集到情报。情报人员还需对情报有分析研究的能力，有一定的逻辑思维与市场分析能力，善于抓住事物本质，做好系统分析，形成规范化、条理化的情报，然后将情报送交CIO，再由CIO发送给决策层及相关部门应用，让其在最短的时间内做出好的战略决策，从而采取及时有效的措施，赢得竞争。只有这样，企业的竞争情报系统才算发挥了作用。情报人员还需要有很强的保密意识，对情报系统的任何资料都需妥善保管，以免被其他公司窃取利用，对本公司造成不利和损失。

目前很多国内企业对于企业竞争情报系统是建而不用。所谓“建而不用”即跟着风潮建立相应的竞争情报系统，却不会去应用它，这是企业的重大失误。这不仅是企业人员与资金的浪费，也使企业失去很多良好的机遇，企业也因此可能走向衰落。这个现象一方面是企业管理人员缺乏现代化的管理思想和方法，对企业竞争情报的重要性认识不够造成的；一方面也反映了我们关于企业竞争情报系统的研究大多拘泥和局限于理论层次和技术层面，过于强调理论和信息技术，而忽略了其实用性和便利性，本书将从企业情报管理工作流程的角度分析研究企业竞争情报管理工作系统的应用问题。

2.2 知识管理研究综述

2.2.1 知识

在当下知识经济时代，知识及知识管理已经越来越受到学术界和理论界的重视。知识是组织中一种重要资源的观念也逐渐为人们所认识和接受，其在最终产品和劳务的价值增值中起决定性作用已成必然的社会现实[36]。如何合理有效地管理组织中的知识，通过运用集体的智慧提高应变和创新能力，使组织具有更强的竞争力，是组织管理中的一项具有挑战性的任务[37]。

一切知识可以根据其在从显性到隐性的连续体中的复杂性进行分类。Polanyi M 在 1966 年明确了显性知识（Explicit Knowledge）和隐性知识（Tacit Knowledge）这两个知识种类的区别[38]。显性知识是指那种能用正规语句表达，易在人与人之间传递，可以记录在各种介质上的知识，如图书、档案、数据库、各种计划、总结、报表等。隐性知识是指存在于人的头脑中的未编码的经验性知识，如个人的本能、直觉、想象、创意、价值观与技术诀窍等。根据其性质，显性知识能被广泛传播或普及，隐性知识不能被编码，只能通过面对面同步传递的模式来传播。

世界经济合作与发展组织（OECD）把知识分为四类：知道是什么的知识（Know-What，又称事实知识），是指有关事实方面的知识；知道为什么的知识（Know-Why，又称原理知识），是指自然原理与规律方面的科学理论；知道怎样做的知识（Know-How，又称技能知识），是指做某些事情的技艺和能力，包括技术、技巧和诀窍等；知道谁是拥有知识的人（Know-Who，又称人力知识），是指谁知道和谁知道如何做某些事的信息。其中前两类知识可以明确表述，属显性知识；后两类难以用文字明确表述，即隐性知识[39]。显性知识相对易于管理，隐性知识则较难管理。对显性知识的管理主要是编码化、数据库化；对隐性知识的管理则主要是显性化。

多年来，各种组织将他们的资本和技术投资集中在显性知识，忽略了隐性知识的开发和利用。一方面，隐性知识比显性知识更完善、更能创造价值，对隐性知识的挖掘和利用能力，将成为个人或者组织成功的关键。通过运用暗号、比喻、类比和模型库，可以将存在于整个组织中的有价值的隐性知识转化为容易传播的显性知识。另一方面，显性知识必须能很快地转换为隐性知识，否则它的真实价值就不复存在。因为显性知识转换为企业员工隐性知识的过程，一般都是知识应用的过程或知识成为生产力的过程。

2.2.2 知识管理

21世纪是知识经济的时代，知识经济（Knowledge Economy）是建立在知识和信息的生产、存储、使用和消费之上的一种社会经济形态。如管理学家彼得·德鲁克所说："知识已是且将代替自然资源、金融资本等成为最重要的资源"[40]。经济时代的到来，使企业管理的重点从生产转向研究开发，从对有形资产的管理转向对知识的管理[36]。

对知识管理的早期研究开始于20世纪30年代，当时美国学者科特·列文（Kurt Lewin）从更接近心理学的角度对工作过程进行了分析。他主要考察了工作过程中心理紧张程度、工作满意度、动机、领导和参与情况，并把管理试验的重点从解决问题转到学习上来，这一转变使管理从机械工程学概念变为社会心理学概念。[41]人们开始更多地从社会和心理方面考虑管理问题，管理中自我思考的成分不断增加，由此产生的必然结果就是将知识用于知识本身。但一直到20世纪80年代，学术界才开始逐步对知识管理进行系统和全面的研究。

知识管理（Knowledge Management）作为一个具体的概念被提出，在1986年，是由Wiig在联合国国际劳工组织（ILO）提出的。知识管理的概念本身具有巨大的外延和发展性，所以目前国内外还没有一个被大家广泛认可的定义。国内外很多知名的专家和学者就各自的实践、认识和对知识管理的理解，分别从不同的角度对知识管理给出了不同的定义。关于知识管理的各种定义，反映了人们从各个侧面对知识管理不倦的探索，综观各个侧面的研究，可以使我们对知识管理有个全面的理解。概括说来，对于知识管理的认知，可以归纳为三个学术学派和一个实用学派。

（1）行为学派认为，“知识管理就是对人的管理”。如“知识管理的概念可以从狭义与广义的角度来理解。所谓狭义知识管理，主要是对知识本身的管理，包括知识的创造、获取、加工、存贮、传播和应用的管理。而广义知识管理，不仅包括对知识进行管理，还包括对与知识有关的各种资源和无形资产的管理，涉及知识组织、知识设施、知识资产、知识活动、知识人员的全方位和全过程的管理[37]”。

（2）技术学派认为，“知识管理就是对信息的管理”。如知识管理是一种信息管理策略；“知识管理是挖掘并组织个人及相关知识以提高整体效益的一种目标管理流程，通过信息管理及组织学习来提高整个组织的知识水准，其目的是获取商业利益[42]”。

（3）综合学派认为，“知识管理既包括信息管理又包括对人的管理”。如“知识管理不但要对信息和人进行管理，还要将信息和人连接起来进行管理；知识管理要将信息处理能力和人的创新能力相互结合，增强组织对环境的适应能力[43]”。这种观点是对上述两种观点的综合：一方面，从知识管理发展历程来看，知识管理源于信息管理，是在此基础上发展起来的；另一方面，从知识管理及其所处环境来看，人在知识管理中发挥着重要作用，知识管理又包括对人力资源的管理[44]。

（4）实用学派认为，组织知识的累积，必须透过科技将人与信息充分结合，而在分享的组织文化下达到乘数的效果[45]。因此，企业若要导入知识管理，就应从员、科技、文化等角度着手，进行策略性的思考与流程的改善。企业导入知识管理计划时，应一并考虑知识策略的定位、流程再造、组织文化塑造、企业变革等，方能使建立的知识管理制度与系统发挥预期的效益。

综上所述，本书认为知识管理是在现代信息技术的支持下，对各种不同类型的知识资源（包括企业人员）进行全面的开发和有效的利用，实现企业内部知识资源无障碍共享，从而增强企业应变和创新能力，提高企业创造价值的能力和核心竞争力。

2.3　知识管理与竞争情报的关系研究综述

2.3.1　情报与知识的关系

英国哲学家卡尔·波普尔（K. Popper）提出“三个世界”的理论，认为信息有“三个世界”：第一世界，指客观物理世界；第二世界，指主观知识或精神状态的世界；第三世界，指客观知识世界。根据三个世界理论，可将信息分为三大类：第一类是有关客观物质世界的信息，即本体论意义上的信息，它反映事物运动的状态及其变化的方式；第二类是有关主观精神世界的信息，即主体论或认识论意义上的隐性信息，它反映人类能感受的事物运动状态及其变化方式；第三类是有关客观知识世界的信息，即主体论或认识论意义上的显性信息，它反映人类所表述的事物运动状态及其变化方式，能够通过语言、文字、图像、影视、数据等各种载体来表示，汇成一个实在自主的“信息世界”。以“三个世界”的理论来研究信息、知识、情报，它们之间存在以下关系：并列关系、转化关系、包含关系和层次关系[41]。相应地，对于知识和情报之间的关系，同样也存在这四种关系。

1. 包含关系

情报包含于知识之中。知识存在于主观世界和客观的概念世界，但不存在于客观物理世界中，因此知识包含于信息之中。情报也存在于主观世界和客观的概念世界中，是活化了的知识信息，包含于知识、信息之中。

我国国内的大部分专家和学者都支持这一观点。国内情报学家严怡民教授提出“情报是作为交流传递对象的知识”[46]。南京大学的丁蔚在《知识管理的思想起源——从情报学的发展看知识管理》中沿用“英国情报学之父”布鲁斯克对情报的定义[47]，认为情报是使人原有的知识结构发生变化的那一部分知识[48]，并由此推论，知识与情报在概念上是一种简单的包含关系，情报包含于知识，两者又都包括在信息的集合之中[49]。

著名科学家钱学森先生认为，情报属于知识的范畴。情报是激活了的、活化了的知识[50]。情报的原材料即使是信息，但是信息加工成情报后，情报的根本属性就从原始意义的信息转化为竞争所需要的知识[51]。管理学家 R. L. Pinkerton 认为，竞争情报从英文原意上看，实际上就是一种知识[52]。这种知识是为满足决策对象的特定需要，以信息为原料，经过人的有目的的分析、推理等加工而成的，其工作流程是：信息获取—信息预处理—知识挖掘—知识重组—竞争情报，既最终形成关于企业竞争的最恰当的知识－情报，并在最恰当的时候传递给最恰当的人[53]。

2. 并列关系

知识与情报相互并列。“三个世界”理论将事实、数据、信息、知识、情报视作并列的关系，他们都存在于客观的概念世界和主观世界中。梁战平教授提出的“信息链”理论认为信息链由事实（Facts）→数据（Data）→信息（Information）→知识（Knowledge）→情报（Intelligence）五个链环构成[54]。事实、数据、信息、知识、情报五个链环组成“信息链”（Information Chain）。

3. 转化关系

知识与情报可以相互转化。知识不会自动转化为情报，实现从知识到情报转化的关键要素是人。人通过知识组织与管理来实现知识、情报相互转化。知识和情报本身都是信息，因此相互之间可以转化。但知识、情报并不是一般的信息，是体现人的认知因素并且在运用中能改变人的行为的特殊信息[58]。

4. 层次关系

情报在知识的上层。知识是对信息的加工、吸收、提取、评价的结果。情报则是运用知识的能力。换句话说，在信息链中，情报处于知识的上游地位。从知识提升到情报，主要是采取各种有效的手段和方法激活它们[56]。

综上所述，“三个世界”观点全面概括了知识和情报的关系问题。

2.3.2　竞争情报理论与知识管理理论的相关性

知识管理与竞争情报密不可分，关于知识管理理论和竞争情报理论的关系，我国学者在二十年里已经做了一系列的研究，但一直都是“仁者见仁，智者见智”，没有一个统一的认识。关于两者之间的关系定位，大多数学者在分析两者异同的基础上对两者的关系持有 4 种观点：互动说、系统论、整合观、重组观。

1. 互动说

2004 年，北京大学秦铁辉教授明确提出竞争情报与知识管理的“互动说”。他引用竞争情报专家杰拉德的观点，认为竞争情报就是一种知识管理，是相互依存、互相促进的关系[57]。两者之间的交叉与互融主要是在共享信息平台、工作流程的互融关系上，人力资源是联系两者的纽带。朱晓峰博士亦认为，竞争情报本身作为一种将大量信息分析整合后获得的知识，其运作流程包含于知识管理的全过程，具体的工作流程与显性知识管理极为相似，因此竞争情报亦可以看作一种显性知识管理[58]。

2. 系统论

邱均平教授于 2005 年首次从系统的角度深入研究竞争情报系统与知识管理系统，并在概念层次和系统建设的基础上对这两个系统做出详细的对比和比较分析从而得出两者之间的共性与差异方面的结论[59]。之后，不断有人从竞争情报系统和知识管理系统两者的相关关系出发开始研究，并探讨两者之间共建模型的可能性[60]。用系统的观点和方法，把竞争情报与知识管理在理念、方法、组织等方面有机地结合起来，建立竞争情报与知识管理共享的系统、互动的平台，为企业生存发展构筑一个高层次的竞争智囊[61]。

3. 整合观

整合观认为知识管理的竞争情报都是以提升企业竞争力为目的[62]。因此，我们对知识管理和竞争情报进行整合，对企业核心竞争力的培育和形成有着重要的作用，两者的整合必将更加有利于企业核心竞争力的形成和发展[63-64]。

4. 重组观

重组观提出运用知识管理的知识重组原理对竞争情报进行信息重组。我们将各种信息源中的信息进行分析加工，通过重新组合，形成新的信息产品，满足人们不断更新的信息需求[65]。信息重组包含三个步骤：首先，排除“噪声”，辨明情报的真伪；其次，进行竞争情报的深入开发，即情报创新；最后，将隐含的情报进行重组[61]。

不难看出，整合观、重组观都是从其中某个侧面对互动说的补充和深化，是对系统论的一种诠释。综上所述，本书认为，竞争情报是建立在知识管理基础之上的，知识管理过程亦是一个竞争情报管理运作的过程。“人”是知识经济时代最重要的因素。知识管理的实质是努力创造一种有效的机制，发挥人的潜能，调动其学习的积极性和创造性，使其能力得到最快的提高，以更好地为企业创造出价值[66]。在企业竞争情报工作中，“人”无疑也是最核心的要素。竞争情报是一种特殊的高度浓缩着人类智慧的产品，人的经验与高度综合的判断能力起着关键性的作用。

正是人在企业竞争情报系统中的关键作用，使得“知识管理”与“合理建设企业竞争情报系统”是相通的。当我们利用知识管理来装备企业竞争情报工作实践时，便自然地将实践性极强的竞争情报工作与先进的管理思想结合了起来。理论可以很好地指导实践，实践反过来又能促进理论的发展。在知识管理成为新经济时代一种潮流的情况下，在企业竞争情报工作中加以自觉运用，对于切实提高企业竞争力具有非常重要的意义。

2.3.3 竞争情报与知识管理的相异性

1. 时效性不同

竞争情报是围绕企业短期内具体目标开展的战略性活动，具有很强的时效性。它是企业感知外部环境变化的预警器，能够对外界的变化做出快速反应，并为决策层出谋划策。竞争情报的效果往往随着竞争情报活动的实施应用而快速得以体现，具有立竿见影的效果。

知识管理的功效则非朝夕可见，它伴随企业生存和发展的始终，服务于企业的长远战略，其作用和效果是企业整体竞争能力的提升，具有明显的缓效性和长期性[67]。首先，知识管理伴随企业生存的始终，知识管理虽划分成若干个阶段，但各个阶段并非完全独立，因此无法界定每个阶段的具体目标。其次，知识管理服务于企业的长远战略，其作用效果是企业整体能力的提升。总而言之，若将对企业竞争力的提升比作物理位置的上升，那么竞争情报就是一种台阶效应，而知识管理就是一种斜坡效应[68]。

2. 侧重点不同

竞争情报主要侧重于对企业外部环境的监控，而知识管理则侧重于对企业内部环境的优化。虽然知识管理和竞争情报与信息、知识联系密切，但这并非说信息、知识对知识管理和竞争情报都具有相同的意义。从竞争情报的产生过程可以看出，从信息的搜集获取到信息加工，最终形成可供领导决策之用的新的信息产品——竞争情报，实际上是一个信息的转化过程。信息既是这一活动的原料，又是最终产品，信息是竞争情报的基础和实质，信息是竞争情报的核心。

对于知识管理来说，由于它的管理对象是知识，所以它的活动是围绕人对知识的获取、共享、创新和应用的。知识管理方法主要是针对显性知识的法典编辑方法和针对隐性知识的人格化方法[67]，即营造知识共享的氛围。尽管知识管理活动仍离不开信息和信息技术的利用，但信息和信息技术只能是作为知识创新的原料和工具而存在，知识管理的重点是知识，其核心是管理和运用知识的人，企业知识管理的重心落在以人为中心的人格化方法上。综上所述，信息和知识在竞争情报和知识管理中的地位是不同的。明确这一点，对于具体的实践活动是十分有益的，否则就会把知识管理退回到信息管理的思路上去。

3. 实施方法不同

竞争情报与知识管理在工作对象和范围上的差别决定了两者在实施方法上的不同。竞争情报工作所应用的方法主要是信息获取和情报分析所运用的方法和技巧，如零次情报的获取方法、逻辑推理方法、情定标比超法、价值链分析法和波士顿矩阵分析法等。竞争情报是以信息为主体，关注的是信息的收集和信息的转化，其实施的主体主要是企业的情报工作人员。

知识管理所运用的则主要是管理学、系统论、人力资源管理学、经济学中的思想和方法，与竞争情报所用的方法交叉并不多。知识管理是一项以人为核心的工作，属于综合性的管理工作，其实施的主体一般为企业的首席执行官或专门的首席知识主管，他们对企业的组织结构、运作方式等具有实质性的决定权。

4. 外延存在差异

知识管理不同于信息管理，更不能等同于竞争情报活动。知识创新体系的建立、知识基础设施的建设、知识创新和共享的激励机制及保护制度的确立都是知识管理的范畴。知识管理就是要营造知识创新的良好“生态”，形成知识创新和共享的良性循环。知识管理的成果既有法典式的知识文集和知识数字库，也蕴含着企业的文化氛围和企业精神。它是对企业知识的一种浓缩，也包含企业文化中的激励、创新机制，一旦形成，在相当长的时期内可被企业内部人员所共享。

竞争情报工作则是信息工作的一个方面，其目标、任务和对手都比较明确，主要是为科研、生产和决策者提供他们所需要的支持信息和对策建议。竞争情报围绕企业阶段性战略展开研究，某些研究成果，如研究报告、建议、对策等，都是针对某个具体问题，与特定的主客观条件相适应的，一般不具备可重用性。

2.3.4　知识管理过程与方法

有关知识管理过程的系统文献目前还没有，相关的研究只能散见梁哨辉、陈媛媛、张莉、施明和赵静杰等人的知识管理相关文献中。[69-73] 如王如富等人从职能角度来分析知识管理，他们将知识管理的基本职能划分为外化、内化、中介和认知过程四个方面。其中，外化是以外部贮藏库的形式捕获知识，并根据分类框架或标准进行知识组织；内化则是从知识贮藏库里提取并过滤出与知识需求者相关的知识，中介是将知识寻求者和最佳知识源相匹配，促进知识特别是隐性知识的共享；认知是经由前三个功能交换得出的知识的运用，是知识管理的终极目标。[74]

在某种意义上，上述职能可以看作是对知识管理过程的描述，但外化、内化等概念略显含糊，而且其内涵也有相互重叠之处。本书将上述观点和林德茜·达文波特、余光胜等有关知识管理理论的知识结合起来，将知识管理划分为如下四个基本过程：知识的获取、知识的共享、知识的创新和知识的应用（大致但不完全对应于知识管理的外化、内化、中介和认知职能）。其中知识的获取过程实质是知识的获取和储存，这相当于达文波特所说知识的产生和编码，或余光胜所说的知识的吸收和保持，知识的共享和创新过程实质是知识的配置和处理，相当于达文波特所说的知识的协调和传递，或者余光胜所说的知识的共享和传递；最后过程则是知识的应用。

1. 知识的获取

组织的知识来源分为两种：外部获取和内部创造。知识的获取是知识创造的重要基础。互联网的发展使得网络上的知识资源异常丰富。除在网络上获得的各种知识资源之外，公司积累的大量数据也是重要的知识资源。数据挖掘可以从大量数据中提取出可信、新颖、有效并能被人理解的知识，它的目标是从数据库中发现隐含的、有意义的知识。通过数据挖掘，可以在凌乱的数据中找到有用的知识，做出具有前瞻性的、基于知识的决策[75]。

为帮助人们把获取的多种信息和知识进行合成和创新，现在有一些工具，如 Idea Fisher 能帮助人们实现将相关的词句组合起来，将发散的创新观点整合起来。另一个称为 Inspiration 的工具，能帮助用户形成概念图，提高使用者的知识合成能力。此外，Idea Generato 和 Mind Link 等工具能够引导人们突破思维定势，辅助人们实现知识创新，提高创新能力[76]。

2. 知识的共享

知识管理的一个重要目标是知识共享。在员工之间、员工和管理者之间、各部门之间的知识共享，让正确的知识在正确的时刻传达给正确的人。知识的共享是知识管理系统的基本功能，几乎所有的知识管理技术和工具都在一定程度上与其有联系。知识的共享技术和工具主要实现隐性知识之间共享、显性知识之间共享，或将隐性知识转化为显性知识进行共享[77]。为实现知识共享，其关键是快速地找到知识的所有者，与其建立联系。知识黄页是一种类似于传统电话号码黄页的工具[78]，根据知识门类将那些拥有知识的人的地址和电话号码标在知识黄页上，从而帮助企业了解组织内知识分布的大致情况。Desouza 等[79]认为信息技术对隐性知识交流共享的主要作用是通过工具（如电子邮件、知识黄页）与目标人物建立联系。

知识黄页通常适合于清晰明确的知识的传送和分享，但企业所拥有的知识可能是隐含性的，无法直接编码存储于知识库中，要实现全面的知识应用，还必须要借助于知识的关联过程。隐性知识本身无法进行编码，但其来源知识却可以通过编码表示出来，因此知识的关联过程实质是一种深层次的“知识共享”，其特点在于主要通过追溯知识创造个体的经历和兴趣等信息（这在某种程度上表现为显性知识）来实现对知识源的发掘，并将知识寻求者和最佳知识源——在相关领域中有经验的人匹配联系在一起，最终实现知识应用[80]。例如，手机制造厂商的研究人员可能无法从公司现有的信息库中找到有关某型号手机突发性死机的原因的有关知识，但他却可以通过知识关联过程得到相关领域资深研究人员的名单以及关于他们在该领域经验的丰富的描述性信息。这样，有关研究人员就可以汇集起来进行深入沟通研究并分享彼此的知识与经验。

3. 知识的创新

知识的共享为知识的创新奠定了基础。知识通过交流与共享，其价值得到重新认识或者创造新价值。知识只有交流和共享才有发展，才能增值，只有交流和反复应用才能持续地创新派生知识。知识共享通过各种交流手段为组织中其他成员所共享。

同时，通过知识创新，实现组织的知识增值。知识只有通过相互交流、学习、共享才能得到发展，知识的共享范围越广，其利用、增值的效果越好。知识分享为知识挖掘奠定了基础，知识挖掘将促进新知识的产生。企业员工通过在团队工作中消化和吸收新获取的知识，进而创造新知识。知识通过分享和挖掘，价值得到重新认识或者创造新价值[81]。

4. 知识的应用

知识的应用过程是将经由前三个过程交互作用所得到的知识与工作结合起来，从而解决问题和提高效率。知识应用是知识管理的终极目标，但知识并非能够自动得到应用。知识的应用通常分为两种情况：一是知识需求者认识到问题之后有意识地寻求和应用知识，这实际上通过知识的提取和关联过程即可实现；二是管理者认识到某种知识可以在多个部门或环节得到推广应用从而大幅度提高生产率，但相关的部门并没有认识到或了解到这一点。这时，知识的应用过程就必须通过管理层有意识的知识推广来实现。

现有的知识管理技术很少能实现知识应用过程的自动化，通常都是采用专家系统或人工智能技术来辅助决策。要实现知识自动应用，除了在企业内部加强专家系统、人工智能系统和信息系统的建设外，还可以在现有的 IT 系统中增加“知识自动投递”模块，根据知识的特点和知识需求者的具体特征进行定向的自动投递，并且辅以直接指导和定期培训等手段来促进知识的应用。目前对知识管理的研究更多地停留在知识本身的理论层面，研究热点也侧重于知识管理原则、知识管理评测、知识管理技术等方面。实际上，知识管理一个重要作用就是通过和核心业务流程结合，将知识管理和企业业务相融合，成为优化业务流程工具。

知识管理过程如图 2-1 所示[82]，知识管理过程由知识获取、知识应用、知识创新和知识共享 4 个活动组成。知识获取是对现有的知识进行收集和存储；知识创新是在知识获取的基础上，结合已有的知识产生新的知识；知识共享是组织内成员通过知识交流来扩展组织整体的知识储备；知识应用是组织对各种知识的应用。知识获取、知识创新、知识共享和知识应用之间互相影响，而且不同阶段的知识过程会有不同的组合方式。

企业知识管理（Enterprise Knowledge Management，EKM）是将知识管理论应用于企业，致力于企业的知识创新和传播，并具体体现在产品、

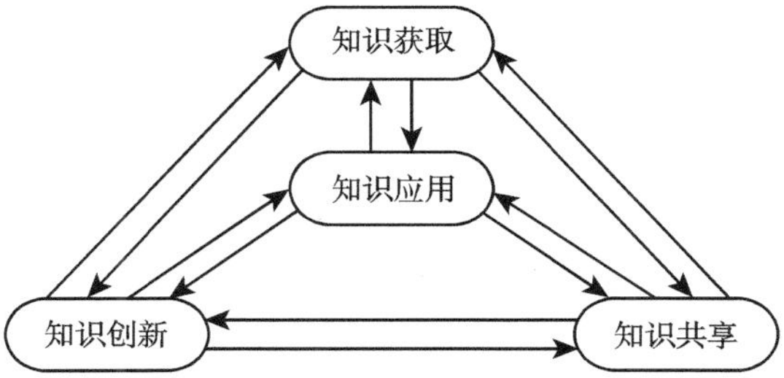

图 2-1　知识管理基本过程

服务和系统中[83]。EKM 是以企业战略规划为指导，结合环境因素和企业业务，借助信息技术，获取企业外部和内部知识，并在现有知识的基础上，对企业的知识进行创新，并进行集成化、动态化、系统化的管理与控制。

2.4　本章小结

从以上国内外相关领域的研究综述可以看出，竞争情报与知识管理的研究与实现是一个复杂的系统工程，它牵涉很多理论和技术的应用。尽管经过知识管理产品供应商与知识管理研究人员十几年的不懈努力，知识管理技术由最初的萌芽逐步发展起来，并取得了相当的成果。但是，我们从知识管理系统的实际应用状况来看，还远未达到人们期待的普及状态，在竞争情报管理过程中采用知识管理系统的情况仍只是一小部分，而且这些系统的应用范围也很有限，在理论体系和应用实践上都还不完善，并不能全方位地支持竞争情报管理过程中的知识应用。

总的来说，目前的研究工作还存在着以下不足。

（1）企业竞争情报的研究亟待结合时代背景。当前关于企业竞争情报的研究，多局限于竞争情报理论方面的研究，或与企业管理实践分别研究，或与企业管理实践简单结合进行研究，缺乏将竞争情报与其面临的政治环境、经济态势和科技背景等时代背景密切结合的分析研究。

（2）缺乏一套完整的基于知识管理的竞争情报理论体系。很多概念还有待澄清，对如何将知识管理思想应用到竞争情报系统中还存在分歧，对知识管理本质的把握和对各种信息技术在竞争情报系统研究中的定位还不清晰，需要对基于知识管理的竞争情报的研究提出一个总体研究框架。

（3）对融合知识管理思想的竞争情报系统建模思想和技术的研究还不够，缺乏一套完整的描述体系，对如何建立一套完善合理的综合性的包含知识管理过程的企业竞争情报系统的研究还比较缺乏。因而，我们有必要结合企业情报工作和企业知识管理的特点，建立一套完整的新形势下企业竞争情报的体系。

（4）知识共享效率不高。目前的研究大多是从心理学及行为学的角度来研究知识共享，认为知识共享是一个促进沟通的过程，提出的知识共享实现途径大多是一方面建立良好的技术空间，保证组织员工沟通畅通无阻，以实现个人的显性知识；另一方面建立良好的组织文化，激励员工共享个人的隐性知识。这些研究过于理论化，并不能很好地指导实践。

第 3 章

新形势下企业竞争对手竞争力评估

3.1 企业竞争新形势分析

企业的可持续发展与许多影响因素有关，动态变化的外部环境因素不仅影响着行业的发展和走向，也影响着每个企业的战略规划与发展前景。企业要在发展过程中规避风险，取得竞争上的优势，必须了解分析其发展及竞争面临的形势特征，把握竞争态势与市场发展方向，从而在激烈的市场竞争中赢得机会与成长。本书主要从政治环境因素、社会文化因素、经济环境因素、科技环境因素等四个方面对快递企业竞争面临的新形势展开分析。

3.1.1 政治环境因素

企业能否可持续发展并取得良好的业绩，在很大程度上是需要依赖政治力量的支撑。快递业由于从属于邮政行业，关乎国家信息安全，因此快递行业的发展受国家政策影响颇多。1978 年改革开放之后的 10 年内，世界快递巨头 Fedex、UPS、DHL、TNT、OCS 公司先后与中国对外运输总公司签订合作协议，国际快递公司业务正式进入中国市场。但 1986 年颁布的《邮政法》规定“信件和其他具有信件性质的物品的寄递业务由邮政企业专营，但是国务院另有规定的除外”。因此，国内快递行业很长时间都是以中国邮政 EMS 为代表的国营快递企业占据垄断地位。

随着市场经济进一步发展，邮政企业已经无法满足外贸行业对报关材料、样品等快递传递的需求；90 年代初，国家实行国有企业股份制改造，鼓励民营企业发展。1993 年随着快客达、顺丰速运、申通快递等民营快递公司的成立，民营快递企业迅速崛起。但因为 1986 版的《邮政法》的限制及中国邮政政企合一的性质，民营快递企业发展处处受限。从 2006 年开始邮政部门政企分离不再具有垄断地位，2009 年出台新《邮政法》鼓励市场公平竞争，2010 年国家出台政策大力推广快递服务，快递企业尤其是民营快递企业出现大发展机遇。

2015 年 10 月，我国首次出台快递业发展纲领性文件《国务院关于促进快递业发展的若干意见》(国发〔2015〕61 号)[84]，这是我国第一次出台全面指导快递业发展的纲领性文件，是快递业发展的一个重要里程碑，充分体现了国家对快递业的高度重视，快递行业迎来最高政策支持。

随后 2015 年 12 月由申通快递引发民营快递企业的上市潮，截至 2018 年 1 月，短短两年多时间，三通一达、顺丰速运、百世快递和德邦物流等纷纷顺利完成上市，我国快递企业驶入发展高速路。

3.1.2 社会文化因素

社会文化是人类在社会历史发展过程中所创造的物质财富和精神财富的总和。文化会自然而然地渗透到社会的每一角落，对企业的发展起着或推动或制约作用。互联网技术的普及极大地影响和改变了人们的生活方式，而人们生活方式的变化又带动了产业结构的调整，导致了零售业和快递业等第三产业的迅速成长与发展。

电子商务持续快速发展为快递行业带来新的增长点。未来很长一段时间内，实体零售业恐怕都将维持低迷，而网络零售将继续维持中高速增长。权威数据显示，全球电子商务蓬勃发展，2020 年线上零售额占零售总额的比例由 2019 年的 16% 升至 19%。2011 年我国网络零售交易额尚不足 1 万亿元，2019 年我国网络零售市场交易额突破 10 万亿元，达到 10.63 万亿元，短短几年间，增长了 10 倍。2020 年，中国的线上零售额以及零售总额均排名世界第一。随着中国经济水平不断提高，电商行业不断发展，预计中国网络零售市场交易额将继续保持增长态势。

根据2020年邮政行业发展统计公报，2020年，我国年人均快递支出623元，年人均快递使用量为59件。2020年新冠肺炎疫情的突袭导致实体经济普遍低迷，快递业作为与人民群众密切相关的生活保障性行业，在服务经济社会发展和保障基本民生中发挥了重要作用，即提升了服务水平，提高了企业形象，也成为特殊时期民生保障的支撑企业。快递企业在2020年的特殊时期，经历了挫折与成长的同时，也赢得的广大客户的认同与支持。随着电子商务的发展与人们网络消费习惯的形成和演变，快递企业将在未来迎来更多的竞争与机遇。

3.1.3 经济环境因素

当前，世界经济形态正从工业经济向数字经济转变，及时抢抓数字经济发展机遇，成为世界各国获取未来竞争优势的战略选择。随着我国信息技术创新的日益活跃，以数字生活、在线政府、智能工业为主要特征的数字经济将成为引领经济发展的重要力量[85]。

2021年5月3日，联合国贸易和发展会议（以下简称“贸发会”）公布了一组数据：2019年全球电子商务销售额已达26.7万亿美元，接近全球国内生产总值（GDP）的1/3。受新冠肺炎疫情影响，全球电子商务蓬勃发展，2020年线上零售额占零售总额的比例由2019年的16%升至19%。从地区看，2020年，中国的线上零售额以及零售总额均排名世界第一；线上零售火爆带动了全球快递业务的发展[86]。全球各大快递企业也公布了2020年全年以及2021年第一季度营业收入数据，各家快递企业均实现了高位增长，业内对2021年发展普遍持乐观态度，快递业或将迎来疫情背景下的黄金时期。作为疫情控制最为成功和线上零售额最高的国家，中国快递业必将迎来发展的另一个高峰时刻。

3.1.4 科技环境因素

科技环境因素是影响快递企业竞争力的重要因素之一。科技包括整个时代面临的革命性技术，也包括与产业息息相关的创新技术。数字经济时代，随着新一代信息技术的发展，市场竞争进入数字化颠覆的世界，市场的进入障碍已经不复存在，意想不到的竞争者正在蜂拥而入[87]。在经济时代，数字化正在引发一系列的变革。各行各业，包括快递业，数字化竞争者都在利用新的平台、工具和关系来打击竞争对手、接近用户，以及颠覆旧有的商业模式，进化是参与竞争的唯一办法。

快递行业相关的创新技术则包括企业信息管理系统、各种物流体系的建立、运输技术的更新等。《国务院关于促进快递业发展的若干意见》就明确指出要以“互联网 +”快递为发展方向，鼓励快递企业充分利用移动互联、物联网、大数据、云计算等信息技术，优化服务网络布局，提升运营管理效率，拓展协同发展空间，推动服务模式变革，加快向综合性快递物流运营商转型。

快递行业作为劳动密集型行业，在行业规模持续高速增长的背景下，迎来劳动力供给拐点，我国的快递业正处于转型的关键期。快递企业无论是因为劳动力短缺与业务量增长之间的矛盾，还价格持续走低与不断上升的人力成本之间的矛盾，规模驱动的增长模式已难以为继，转型迫在眉睫。转型的关口时期，数字化是快递行业发展的加速器。数字化转型就是通过数字化技术进行产品业务和商业模式的创新，以更低的成本、更高的效率为客户提供更好的服务。未来能够在竞争中占据优势地位的快递公司必然是科技型综合型的快递物流运营商。快递企业如何依托大数据，与互联网深度融合，打通供需两端、实现数字化转型升级，是未来快递企业尤其是民营快递企业面临的关键问题。

3.2 综合评价方法简述

目前，国内外提出的综合评价方法已有几十种之多，仅从中国知网的数据来看，2000 年 1 月至 2020 年 12 月，国内关于竞争力评价的博士论文约有 2724 篇，硕士论文 1.42 万篇，期刊论文约 1.44 万篇[88]，但从知识管理或竞争情报角度进行竞争力评价的文献则仅为个位数。由于企业的竞争力需要从多个角度、多个方面来体现和评价，因此我们需要采用综合评价方法进行竞争对手综合竞争力评价。综合评价方法总体上可归为两大类：即主观赋权评价法和客观赋权评价法。前者多是采取定性的方法，由专家根据经验进行主观判断而得到权数，如层次分析法、模糊综合评判法等，后者根据指标之间的相关关系或各项指标的变异系数来确定权数，如灰色关联度法、TOPSIS 法、主成分分析法等。以下是几种常见的综合评价方法。

3.2.1 灰色关联度分析法

1. 灰色关联度原理

灰色关联度分析（Grey Relational Analysis，GRA）是灰色系统分析方法中的一种，依据各因素数列曲线形状的接近程度做发展态势的分析。灰色关联度分析认为，若一个统计数列所构成的各条曲线几何形状越接近，即各条曲线越平行，则它们的变化趋势越接近，其关联度就越大。因此，可利用各方案与最优方案之间关联度的大小对评价对象进行比较、排序。该方法首先是求各个方案与由最佳指标组成的理想方案的关联系数矩阵，由关联系数矩阵得到关联度，再按关联度的大小进行排序、分析，得出结论。

2. 灰色关联度评述

（1）优势：灰色关联度综合评价法计算简单、通俗易懂，数据不需要进行归一化处理，可用原始数据进行直接计算。灰色关联度法不需要大量的样本，也不需要经典的分布规律，只要有代表性少量样木即可。

（2）不足：目前常用的灰色关联度量化模型所求出的关联度都为正值，这不能全面反映事物之间的关系，因为事物之间既可以存在正相关关系，也可以存在负相关关系。而且存在负相关关系的时间序列曲线的形状大相径庭，若仍采用常用的关联度模型，必将得出错误的结论。

灰色关联度分析不能解决评价指标间相关性造成的评价信息重复的问题，因而指标的选择对评判结果影响很大。

3.2.2 主成分分析法

1. 主成分分析法原理

主成分分析（Principal Components Analysis，PCA）也称为主分量分析，是一种通过降维来简化数据结构的方法：把多个变量（指标）化为少数几个综合变量（综合指标），而这几个综合变量可以反映原来多个变量的大部分信息。为了使这些综合变量所含的信息互不重叠，应要求它们之间互不相关。例如我们需要考虑竞争对手的综合竞争力时，要考虑许多指标，如竞争对手的利润、产值、产品数量、产品质量、固定资产、流动资产等等。若要全部列出，也许可以有几十个变量。因此用少量的几个综合变量代替原来的许多变量是有实际意义的。从这几个综合变量出发还有可能得到一个总的指标，按此总指标来排序、分类，问题就可能简单多了。

通常数学上的处理就是将原来 N 个指标作线性组合，作为新的综合指标。最经典的做法就是用 F_1 的方差来表达，即 $VarF_1$ 越大，表示 F_1 包含的信息越多。因此在所有的线性组合中选取的 F_1 应该是方差最大的，故称 F_1 为第一主成分。如果第一主成分不足以代表原来 N 个指标的信息，再考虑选取 F_2 即选第二个线性组合，为了有效地反映原来信息 F_1 已有的信息就不需要再出现在 F_2 中，用数学语言表达就是要求 $Cov(F_1, F_2)=0$，则称 F_2 为第二主成分，依此类推可以构造出第三、第四，……，第 n 个主成分。

$$
\begin{cases}
F_1=A_{11}ZX_1+A_{21}ZX_2+\cdots+A_{n1}ZX_n \\
F_2=A_{12}ZX_1+A_{22}ZX_2+\cdots+A_{n2}ZX_n \\
\vdots \\
F_n=A_{1m}ZX_1+A_{2m}ZX_2+\cdots+A_{nm}ZX_n
\end{cases}
$$

其中 A_{1i}，A_{2i}，A_{ni}（i=1，2，3……m）为 X 的协方差阵 Σ 的特征值对应的特征向量，ZX_1，ZX_2，…… ZX_n，是原始变量经过标准化处理的值，因为在实际应用中，往往存在指标的量纲不同，所以在计算之前须先消除量纲的影响，而将原始数据标准化，本书所采用的数据就存在量纲影响。

$A=(a_{ij})_{n*m}=(a_1, a_2, a_m)$，$Ra_i=\lambda_i a_i$，$R$ 为相关系数矩阵，λ_i、a_i 是相应的特征值和单位特征向量，$\lambda_1 \geqslant \lambda_2 \geqslant \cdots \geqslant \lambda_n \geqslant 0$。

2. 主成分分析法评述

（1）优势：在大多数情况下，我们初选的指标之间是有一定相关性的，主成分分析法正是根据评价指标中存在着一定相关性的特点，用较少的代表性的指标来替代原来较多的带有重复性和相关性的指标，用最少的指标尽可能多地反映原来指标的信息，即解决了指标间信息重叠问题，又简化了原指标体系的指标结构。

此外，在主成分分析法中，各综合因子的权重不是人为确定的，而是根据综合因子的贡献率的大小确定的。这就从某种程度上了克服了此评价方法中人为确定权数的缺陷，使得综合评价结果唯一、合理。

（2）不足：主成分分析法的计算过程较烦琐，且对样本的要求较大。主成分分析法是根据样本指标来进行综合评价的，所以评价的结果跟样本的规模有关；主成分分析法假设指标之间的关系都线性关系。但在实际应用时，大部分指标之间的关系都并非线性关系，因此有可能导致评价结果的偏差。

3.2.3 TOPSIS 评价法

1. TOPSIS 评价法基本原理

TOPSIS 评价法（Technique for Order Preference by Similarity to Ideal Solution，TOPSIS）是在基于归一化后的原始矩阵中，找出有限方案中的最优方案和最劣方案然后分别计算出评价对象与最优方案和最劣方案间的距离，获得该评价对象与最优方案的相对接近程度，以此作为评价优劣的依据[89]。

2. TOPSIS 评价法评述

（1）优势：TOPSIS 法对数据分布及样本指标的多少无严格限制，数学计算亦不复杂，即适用于少样本资料，也适用于多样本的大系统，评价对象既可以是空间上的，也可以是时间上的。其应用范围广，具有直观的几何意义。

（2）不足：TOPSIS 权重是事先确定的，其值通常是主观值，因而具有一定的随意性。其所谓的“最优点”与“最劣点”一般都是从无量纲化后的数据矩阵中挑选的。而当评判的环境及自身条件发生变化时，指标值也相应会发生变化，这就有可能引起“最优点”与“最劣点”的改变，从而使排出的顺序也随之变化，这就导致评判结果不具有唯一性。该方法同样不能解决评价指标间相关造成的评价信息重复问题。

3.2.4 模糊综合评判法

1. 模糊综合评判法原理

模糊综合评判法（Fuzzy comprehensive Assessment，FCE）以模糊数学为基础，应用模糊关系合成的原理，将一些边界不清，不易定量的因素定量化，从而进行综合评价的一种综合评价方法。它是模糊数学在自然科学领域和社会科学领域中应用的一个重要方面。

模糊综合评价法首先确定被评判对象的因素（指标）集 $U=(u_1, u_2, \cdots, u_m)$ 和评价集 $V=\{v_1, v_2, \cdots, v_n\}$。其中 u_i 为各单项指标，v_i 为对 u_i 评价指标，一般分为 5 个等级 {优，良，中，低，差}。再分别确定各个因素的权重及它们的隶属度向量，获得模糊评判矩阵。最后把模糊评判矩阵与因素的权向量进行模糊运算并进行归一化，得到模糊评价综合结果。

2. 模糊综合评判法评述

（1）优势：隶属函数和模糊统计方法为定性指标定量化提供了有效的方法，实现了定性和定量方法的有效融合。

在客观世界中，一些问题往往并不是绝对的肯定或者绝对的否定，而模糊综合评判方法则很好地解决了判断的模糊性和不确定性问题。

（2）不足：模糊综合评价法不能解决评价指标间相关造成的评价信息重复问题。各因素权重的确定带有一定的主观性。此外，对于多目标评价模型，隶属函数的确定过于烦琐，实用性不强。

3.3　新形势下企业竞争对手竞争力评判指标构建

基于 3.2 对四种主要综合评价方法的分析，我们采用模糊数学的综合评价方法来对竞争对手的竞争力进行定量评价，并利用层次分析法确定各指标的权重。基于知识管理的竞争对手竞争力评判指标体系建立的步骤如下。

3.3.1　指标体系的构建原则

1. 目的性原则

本书所构建的指标体系是以知识管理为立足点，为企业的情报管理工作服务的，因此本书在选择指标体系时将侧重于能够体现企业的知识管理能力和竞争情报方面能力方面的指标。

2. 行业适用性原则

公开发表的文献中，评价竞争对手竞争力的指标虽然很多，但不同行业、不同企业有自身的运行特点，对竞争力评价的侧重点不同，指标不能盲目照搬。本章构建的指标体系适用于表现快递企业竞争力指标体系。

3. 系统性原则

评价指标体系的建立需具有一定的科学性与系统性。在设计评价指标时，既要综合考虑到所研究的任务，又要反映评价对象的自身特点。评价指标的选择以及数据的选取与计算必须具有科学的理论依据，使得评价指标的定量描述以定性分析为前提。

4. 不相关原则

构建指标体系时遵循不相关原则，各指标相互独立，彼此之间没有重合度。这样可以尽可能消除各指标反映的信息重复，保证指标具有很好的代表性。

5. 可比性原则

构建时充分考虑数据的可获得性和指标量化的难易程度，尽可能使构建出的指标是可以量化的，同时在不同的快递企业之间具有可比性。这样才能客观、真实地反映出不同快递企业之间的优劣。

6. 一致性原则

每个指标应与分析的目标相一致，所分析的指标间不相互矛盾。

7. 简明性原则

指标应易于理解和接受，便于形成研究的共同语言。

8. 完备性原则

完备性是指影响系统效能的所有指标均应在指标集中，指标体系应具有广泛性、综合性和通用性。

3.3.2　初选指标体系的确定

竞争对手竞争力评价指标体系由多层次的多项指标构成，本书以国内外主要的信息能力评价指标体系、竞争对手评判指标体系为基准，结合快递企业的运营特征，提出了竞争对手综合竞争力的初步评判指标体系（如表 3–1 所示）。

表 3–1　竞争对手综合竞争力评判初选指标体系

目标层	一级指标	二级指标
竞争对手综合竞争力评判初选指标	创新能力	企业技术水平、新产品研发周期、新产品高附加值率、拥有专利数量、科研人员素质、年新增专利数量、技术领先程度、综合技术自主率、年研发费用
	情报能力	情报规划能力、情报获取能力、情报分析能力、知识共享能力、知识创新能力、危机公关能力、情报保障能力、信息化发展水平、危机预警能力
	品牌能力	品牌知名度、品牌美誉度、市场占有率、品牌忠诚度、企业文化、员工归属感、品牌价值
	财务能力	年营业收入、总收益率、利润总额、净资产、总资产增长率、企业呆坏账率、净利润增长率、资产负债率
	产品能力	产品市场覆盖率、产品销售增长率、产品价格竞争力、产品库存率、产品生命周期、顾客满意度、产品适销度

竞争对手综合竞争力的评判指标体系是在企业知识管理的基础上提出的，对竞争对手的综合竞争力进行评判的目的，也是为企业竞争情报工作服务，以求更好地监测和分析竞争对手，达到简化企业竞争情报分析流程，提高企业危机预警能力，进而实现提升企业核心竞争力的目的。因为本书在指标的选择方面侧重于企业知识创新的能力—创新能力和企业竞争情报的能力—情报能力这两大指标，并将以这两大指标为主进行竞争对手竞争力评估。

3.3.3 评估指标的筛选

本书采用了专家问卷调查法对竞争对手综合竞争力评判指标进行筛选，筛选步骤如下。

1. 调查问卷设计

由于调查工具的编制和选用直接影响到研究的可靠性和价值，对于没有足够鉴别力的人而言，选项超过5点，就比如7点量表将会导致信度的丧失，而3点量表则限制了温和意见与强烈意见的表达。因此，本书的研究问卷采用李克特（Liken-type Scale）5点量表来设置问卷调查的选项：每个问题后依次有从“意义不大”到“非常重要”五种对该题项的同意程度，分别用数字1–5的5个数字表示，数字越大，同意程度越高。1表示“意义不大”（表示可有可无，可删除），2表示“应考虑”，3表示“重要”，4表示“很重要”，5表示“非常重要”。

为保证变量测度和研究结果的可靠性和有效性，在设计问卷时，我们主要通过以下三种途径：①文献研究：通过大量阅读有关竞争对手评价的相关文献，分析、归纳、总结与本次调研有关的知识，在此基础上选择与本研究有关的指标作为本研究的问题选项；②实地调研：本次研究选择了中国邮政EMS、联邦快递、天天快递、中通快递、德邦物流5家涵盖国有、外资和民营不同所有制结构的大型快递企业的中高层管理人员和市场部员工，以及相关行业专家和知名学者为测试对象；③预测试：本次研究的调查问卷初步设计完成后，在这5家快递公司内部选择30个不同层级的职员进行预测试。预测试后，再根据出现的问题修改完善，保证了问卷结构的完整性与变量的易识别性[90]。

参与问卷调研的专家在回答问卷时大多是建立在主观评价之上，可能会导致问卷结果并不准确，可能会出现偏差。Floyd Fowler Jr认为主要有

4 个基本的原因可能会导致问卷应答者对题项做出非准确性的回答：①应答者不知道问题项答案的信息；②应答者不能准确回忆起问题项的信息；③应答者不愿回答问题项；④应答者不理解问题项。[91]

虽然在调查过程中不可能完全消除上面 4 个原因可能带来的影响，但采取如下措施，以求将影响降低到尽可能小的程度。①对于第 1 方面和第 4 方面的原因，我们选择的问卷测试对象为指定的 5 家快递公司的中高层员工和行业内专家，他们具有一定的理论和实践知识，而且我们以电子邮件发送问卷，在邮件的正文和公司下发的调研需求中已告知他们在不熟悉问题时可以询问同事和问卷的制定者。因此，他们在不了解信息的情况下，可以有较多的时间向相关人员咨询，以做出较为准确的回答；②关于第 2 种情况，被试者需要回答的问题大多是凭个人经验和个人的认知，因此不存在回忆或记忆的问题；③对于第 3 种情况，我们在中国邮政 EMS、联邦快递、天天快递、中通快递、德邦物流内部做调研时，已经事先取得这 5 家公司的中高层领导的支持；在选择咨询公司专家时，已经通过各种方式，事先征得这部分专家的同意。同时，我们在问卷设计中也明确写明是匿名填写，一些基本的信息仅做基本统计用，并承诺本次调研结果仅限于学术研究。

本次调研问卷设计的主体部分大致如表 3-2 所示。

表 3-2　竞争对手综合竞争力评判初选指标调查问卷

一级指标	二级指标	意义不大	应考虑	重要	很重要	非常重要
		1	2	3	4	5
创新能力	企业技术水平					
	新产品研发周期					
	新产品高附加值率					
	拥有专利数量					

续表

一级指标	二级指标	意义不大	应考虑	重要	很重要	非常重要
		1	2	3	4	5
创新能力	科研人员素质					
	年新增专利数量					
	技术先进程度					
	综合技术自主率					
	年研发费用					
情报能力	情报规划能力					
	情报获取能力					
	情报分析能力					
	知识共享能力					
	知识创新能力					
	危机公关能力					
	情报保障能力					
	信息化发展水平					
	危机预警能力					
品牌能力	品牌知名度					
	品牌美誉度					
	市场占有率					
	品牌忠诚度					
	企业文化					
	员工归属感					
	品牌价值					

续表

一级指标	二级指标	意义不大	应考虑	重要	很重要	非常重要
		1	2	3	4	5
财务能力	年营业收入					
	总收益率					
	利润总额					
	净资产					
	总资产增长率					
	企业坏账率					
	净利润增长率					
	资产负债率					
产品能力	产品市场覆盖率					
	产品销售增长率					
	产品价格竞争力					
	产品库存率					
	产品生命周期					
	顾客满意度					
	产品适销度					

2. 调查问卷的发放与回收

调查对象分为 3 类：①中国邮政 EMS、联邦快递、天天快递、中通快递、德邦物流的中高层管理人员；②快递物流领域相关咨询公司的咨询师；③高等院校、科研院所相关领域研究人员。

关于样本数的选择，学者 Gay（1992）认为，如果是描述研究，样本数应该占母群体的 20%，本书结合各种调研的实际情况，如调研经费、调研时间、调研的其他各种条件及调研的需求等，共发放调研问卷 350 份，回收 335 份，其中有效问卷 326 份，回收率 95.7%，有效率 97.3%，回收率和有效率均比较高。

3. 问卷的信度与效度分析

调查问卷研究是通过设计一些具体的问题，以测量某种较为抽象的内容，如态度、看法、能力。因此为了保证问卷调查结果的准确性和科学性，需要考察所设计的问卷是否符合要求，调查的结果是否可信和有效。我们只有对调查问卷结果进行信度与效度分析，才能保证问卷调查的准确性以及后续研究科学性。

信度反映的是问卷测量结果的一致性程度或可靠程度，测量的是随机误差的影响，而不涉及结果是否正确的问题；效度则针对调查问卷测量的目的，结果能否有效地反映研究者的调查意图，重点考察测量结果的有效性。为了验证调查问卷的信度与效度，利用 SPSS 25 对其进行了分析，结果如下。

（1）问卷信度

信度是指采用统一方法对同一对象进行调查时，问卷调查结果的稳定性和一致性，即问卷能否稳定地对变量进行测量。信度的本质是评价结果的前后一致性，是评价得分可信赖的程度，它表示对于同样的对象，运用同样的观测方法得出同样观测数据（结果）的可能性、度量结果的重复性、数据与平均值的差异程度。

信度的测量方法主要有重测信度、内部一致性信度（Cronbach's α 系数）、复本信度、折半信度、评分者信度[92]，Cronbach's α 系数是所有可能的分半信度的平均值，特别适用于态度、意见式问卷的信度分析，因此本书采用 Cronbach's α 作为问卷信度检测标准。

Cronbach's α 值的范围在一般为 0–1，0 代表测量不可信，1 代表测量完全可信。对 Cronbach's α 的衡量目前还没有一个统一的标准，各国学者的观点也存在分歧。Nunnaly 认为在研究中 Cronbach's α 达到 0.5–0.6 问卷的信度水平即可以接受[93]。Churchill 认为在研究中，Cronbach's α 超过 0.7 比较理想，但为 0.5–0.7 也是可以接受的[94]。Hair 等也认为对于探索性研究 0.6–0.7 是可以接受的[95]。DeVellis 指出，Cronbach's α 最好在 0.80 以上，0.60 至 0.80 是可以接受的，当 Cronbach's α 小于或等于 0.6 时，问卷的信度无法接受[96]。综合学者们的观点，本书以 0.7 的 Cronbach's α 值作为评判信度的标准。

利用 SPSS 25 对问卷的信度进行分析，计算结果显示调查问卷整体的 Cronbach's α 值高达 0.8107，从表 3–3 中可以看出，分别删除各问题项后，不仅未对整体信度有很明显的提高，反而使整体信度降低，所以保留各问题项。综合来看，问卷有较高的信度。

表 3–3　问卷信度检验

指标	删除这一项后	整体
	Cronbach's α	Cronbach's α
企业技术水平	0.7552	0.8107
新产品研发周期	0.6904	
新产品高附加值率	0.7374	
拥有专利数量	0.7419	
科研人员素质	0.7872	
年新增专利数量	0.8036	
技术先进程度	0.7290	
综合技术自主率	0.7385	
年研发费用	0.7395	
情报规划能力	0.6965	
情报获取能力	0.7508	
情报分析能力	0.6828	
知识共享能力	0.7625	
知识创新能力	0.7228	
危机公关能力	0.7582	

续表

指标	删除这一项后	整体
	Cronbach's α	Cronbach's α
情报保障能力	0.7014	
信息化发展水平	0.7118	
危机预警能力	0.7416	
品牌知名度	0.7995	
品牌美誉度	0.8054	
市场占有率	0.7362	
品牌忠诚度	0.7972	
企业文化	0.7333	
员工归属感	0.7308	
品牌价值	0.7624	
年营业收入	0.7104	
总收益率	0.7248	
利润总额	0.7342	
净资产	0.6866	
总资产增长率	0.7778	
企业坏账率	0.7461	
净利润增长率	0.7934	
资产负债率	0.7441	
产品市场覆盖率	0.7140	
产品销售增长率	0.7215	
产品价格竞争力	0.7374	
产品库存率	0.7446	
产品生命周期	0.6728	
顾客满意度	0.7689	
产品适销度	0.6739	

（2）问卷效度

效度是指问卷的正确性程度，即调查问卷测出其所要测量的特质的程度。效度越高表示测量结果越能反映出测量对象所具有的特征，评价问卷效度的主要方式有内容效度、结构效度、校标效度。

本书在问卷设计和预调研的过程中，广泛征询了相关领域的学者与物流快递公司管理人员对于问卷内容、结构以及措辞的宝贵意见和建议，对个别题项的语义描述进行了修正，因此问卷的表面效度符合要求。同时，问卷中的大部分测度题项是通过对前人研究成果的整理和归纳而得到的，因此，内容效度上也符合研究的要求。有关结构效度的分析通常采用探索性因素分析的方法。一般两个标准可以用来判断问卷的结构效度：①公共因素的累积方差贡献率至少大于40%；②每个因素都应在其中一个公共因素上有较高负荷值，而对其他公共因子的负荷值则较低，如果一个条目在所有的因子上负荷值均较低，说明其反映的意义不明确，应予以改变或删除[97]。本书采用因素分析的方法进行了问卷效度分析，并删除了在所有因素上负荷较低的项目以保证问卷的效度。

利用SPSS 25统计软件对问卷结果进行KMO和Bartlett球形检验，其检验结果可以看出KMO值为0.8107，根据统计学家Kaiser给出的标准，表示可进行因素分析。同时，Bartlett球形检验给出的相伴概率为0.001，小于显著性水平0.05，因此拒绝Bartlett球形检验的零假设，认为适合因素分析。

利用SPSS 25软件进行探索性因素分析，以创新能力指标为例，经过探索性因素分析（如表3-4），总共抽取了3个因素，3个因素共解释了总方差的83.32%，这说明问卷具有很好的效度。我们采用同样的方法对情报能力、品牌能力等指标进行了分析，分析结果表明问卷具有很好的效度。

表 3–4　创新能力指标因子载荷矩阵

指标	Component		
	1	2	3
新企业技术水平	0.8817		
新产品研发周期	0.6581		
新产品高附加值率	0.5623		
拥有专利数量		0.8121	
技术领先程度		0.5733	
综合技术自主率			0.6415
年研发费用			0.5612
方差解释比例	38.52%	27.17%	17.63%
总方差解释比例	83.32%		

4. 问卷测试结果与分析

表 3–5 是本次问卷调查的数据统计，从该部分的数据可以大致了解样本的基本信息。按照调查问卷中设定的五级 Likert 标准，现规定如下：评价指标≥4 为很重要（即：若缺少该评判因素，评判指标体系就不合理，应选择放弃）；评价指标≥3 为重要（即：若缺少该要素，评判指标体系就会有重要缺陷）；评价指标≥2 可以考虑（评判的非必需因素，即若缺少该因素，可能会造成评判指标体系某些缺陷）；评价指标 <2 为不予考虑（即该因素对评判指标体系意义不大，可以不予考虑）[98]。基于竞争对手评判指标体系的简约性和代表性原则，我们认为：（1）评价指标得分评价指标≥2，且内部认同性较好的指标可信度和有效性较高；（2）一项指标选 1 的频数超过有效问卷回收数的 50%，则选择这一指标意义不大，应考虑去除。

表 3–5　描述性统计结果

一级指标	二级指标	N	最小值	最大值	平均值	标准差
创新能力	企业技术水平	326	2	5	3.905	1.032
	新产品研发周期	326	2	5	3.794	0.786
	新产品高附加值率	326	2	5	3.781	0.891
	拥有专利数量	326	2	5	3.528	0.904
	科研人员素质	326	1	3	1.347	1.061
	年新增专利数量	326	2	5	2.876	1.132
	技术先进程度	326	2	5	3.488	0.839
	综合技术自主率	326	3	5	2.821	0.905
	年研发费用	326	3	5	2.820	0.908
情报能力	情报规划能力	326	2	5	3.044	0.798
	情报获取能力	326	2	5	3.933	1.035
	情报分析能力	326	3	5	3.210	0.788
	知识共享能力	326	2	5	3.083	1.043
	知识创新能力	326	2	5	3.055	0.831
	危机公关能力	326	2	5	2.659	1.039
	情报保障能力	326	2	5	2.726	0.795
	信息化发展水平	326	3	5	2.861	0.792
	危机预警能力	326	2	5	2.935	0.909
品牌能力	品牌知名度	326	3	5	3.056	1.103
	品牌美誉度	326	3	5	2.927	1.135
	市场占有率	326	2	5	3.934	0.833
	品牌忠诚度	326	2	5	3.944	1.102
	企业文化	326	1	4	1.903	0.905
	员工归属感	326	1	4	1.673	0.896
	品牌价值	326	3	5	3.917	1.032

续表

一级指标	二级指标	N	最小值	最大值	平均值	标准差
财务能力	年营业收入	326	3	5	3.915	0.795
	总收益率	326	2	5	3.650	0.887
	利润总额	326	2	5	1.910	0.876
	净资产	326	3	5	2.860	0.797
	总资产增长率	326	2	5	3.060	1.045
	企业坏账率	326	1	4	1.780	1.022
	净利润增长率	326	2	5	2.860	1.052
	资产负债率	326	3	5	3.921	1.025
产品能力	产品市场覆盖率	326	3	5	3.901	0.803
	产品销售增长率	326	2	5	3.332	0.812
	产品价格竞争力	326	3	5	3.915	0.904
	产品库存率	326	3	5	2.861	1.025
	产品生命周期	326	1	4	1.745	0.765
	顾客满意度	326	3	5	3.911	1.041
	产品适销度	326	3	5	2.925	0.782

基于简约型和代表性原则，我们对以下 5 个二级指标进行了筛选和剔除：①创新能力的科研人员素质指标；②品牌能力的员工归属感和企业文化指标；③财务能力的企业坏账率指标；④产品能力的产品生命周期指标。

5. 确定评价指标体系

综上所述，在通过专家问卷调查结果的调整分析后，我们得出如表 3-6 所示的竞争对手评判指标体系。该评判指标体系是在国内外相关研究成果的基础上，以本书所研究的知识管理与竞争情报的互融关系为依据提炼而成，并经由专家问卷调查调整和确定的。

表 3–6　竞争对手综合竞争力评判指标体系

目标层	一级指标	二级指标
竞争对手综合竞争力评判指标	创新能力	企业技术水平、新产品研发周期、新产品高附加值率、拥有专利数量、年新增专利数量、技术领先程度、综合技术自主率、年研发费用
	情报能力	情报规划能力、情报获取能力、情报分析能力、知识共享能力、知识创新能力、危机公关能力、情报保障能力、信息化发展水平、危机预警能力
	品牌能力	品牌知名度、品牌美誉度、市场占有率、品牌忠诚度、品牌价值
	财务能力	年营业收入、总收益率、利润总额、净资产、总资产增长率、净利润增长率、资产负债率
	产品能力	产品市场覆盖率、产品销售增长率、产品价格竞争力、产品库存率、顾客满意度、产品适销度

3.3.4　指标权重的确定

本书使用层次分析法确定竞争对手综合竞争力的各项指标的权重，具体步骤如下。

1. 建立指标层次结构

将问题中包含的因素划分为不同层次，如目标层、准则层、指标层、方案层、措施层等，并标明上一层因素与下一层因素的关系。

2. 构造判断矩阵

任何系统分析都以一定的信息为基础，层次分析法的信息基础主要是人们对于每一层次中各因素相对重要性给出判断。这些判断通过引入合适的标度，用数值表示出来，写成判断矩阵。判断矩阵表示针对上一层次某因素，本层次与其有关因素的相对重要性的比较。判断矩阵的元素 a_i 用

1-9 标度方法给出，如表 3-7 所示。

表 3-7 1-9 标度方法

标度	含义
1	表示两个因素相比，具有同样重要性
3	表示两个因素相比，一个因素比另一个因素稍微重要
5	表示两个因素相比，一个因素比另一个因素明显重要
7	表示两个因素相比，一个因素比另一个因素强烈重要
9	表示两个因素相比，一个因素比另一个因素极端重要
2，4，6，8	上述两相邻判断的中值
倒数	因素 i 与 j 的比较判断 a_{ij}，则因素 j 与 i 比较的判断 $a_{ji}=1/a_{ij}$

3. 层次单排序及一致性检验

层次单排序及一致性检验可以采用近似方法——和积法计算，其具体计算步骤为：

（1）将判断矩阵每一列归一化

$$\overline{a}_{ij}=\frac{a_{ij}}{\sum_{k=1}^{n}a_{kj}},\quad i,j=1,2,\cdots,n$$

（2）每一列经正规化后的判断矩阵按行相加

$$\overline{W}_i=\sum_{j=1}^{n}\overline{a}_{ij},\quad j=1,2,\cdots,n$$

（3）对向量 $\overline{W}$=（$\overline{W}_1$，$\overline{W}_2$，…，$\overline{W}_n$）正规化

$$W=\frac{\overline{W}_i}{\sum_{j=1}^{n}\overline{W}_j},\quad i=1,2,\cdots,n$$

所得到的 W（W_1，W_2，W）即为所求特征向量，即为要素 A_i 对上层要素 P_k 的权重。

（4）计算判断矩阵最大特征根 λ_{max}

$$\lambda_{max} = \sum_{i=1}^{n} \frac{(AW)_i}{nW_i}$$

式中（AW）$_i$ 表示向量 AW 的第 i 个分量。

为了检验矩阵的一致性，需要计算它的一致性指标 CI：

$$CI = \frac{\lambda_{max} - n}{n-1}$$

当 CI=0 时，判断矩阵具有完全一致性。为了检验判断矩阵是否具有满意的一致性，需要将 CI 与平均一致性指标 RI 进行比较，如表 3–8 所示。

表 3–8 平均随机一致性指标 RI 的值

n	1	2	3	4	5	6	7	8	9
RI	0	0	0.58	0.9	1.12	1.24	1.32	1.41	1.45

当随机一致性比率 $CR = \frac{CI}{RI} < 0.10$ 时，判断矩阵具有满意的一致性，否则就需要对判断矩阵进行调整。

综上所述，结合研究的实际和进展，本书利用层次分析法确定指标权重，具体步骤如下。

（1）建立判断矩阵

对于权重的确定，我们选择深度访谈与问卷调查相结合的方法。借鉴参与竞争力指标体系调查的专家，从中选择 30 位快递公司高管、物流咨询公司研究员、高校和科研所供应链研究专家进行沟通和调研。2019 年 7 月 1 日，发放 30 份专家调查问卷，并于 7 月 31 日全部收回 30 份专家问卷。这30份问卷调查均采取实名方式，对其中无效和不符合要求的地方，将与答卷人进一步跟进协商确定，因此最终获得30份有效的调查问卷。对问卷经过整理后，得出判断矩阵，见表3-9~3-14。

表3-9 一级指标判断矩阵

	创新能力	情报能力	品牌能力	财务能力	产品能力
创新能力	1	1	3	4	4
情报能力	1	1	3	4	3
品牌能力	1/3	1/3	1	3	3
财务能力	1/4	1/4	1/3	1	2
产品能力	1/4	1/3	1/3	1/2	1

表3-10 二级指标创新能力判断矩阵

	企业技术水平	新产品研发周期	新产品高附加值率	拥有专利数量	年新增专利数量	技术先进程度	综合技术自主率	年研发费用
企业技术水平	1	1/2	1/2	1/3	3	3	4	3
新产品研发周期	2	1	2	2	3	2	3	2
新产品高附加值率	2	1/2	1	1	3	3	3	3
拥有专利数量	3	1/2	1	1	3	3	2	3
年新增专利数量	1/3	1/3	1/3	1/3	1	1	2	1
技术先进程度	1/3	1/2	1/3	1/3	1	1	4	1

续表

	企业技术水平	新产品研发周期	新产品高附加值率	拥有专利数量	年新增专利数量	技术先进程度	综合技术自主率	年研发费用
综合技术自主率	1/4	1/3	1/3	1/2	1/2	1/4	1	2
年研发费用	1/3	1/2	1/3	1/3	1	1	1/2	1

表 3-11　二级指标情报能力判断矩阵

	情报规划能力	情报获取能力	情报分析能力	知识共享能力	知识创新能力	危机公关能力	情报保障能力	信息化发展水平	危机预警能力
情报规划能力	1	1/4	1/3	3	2	4	2	3	3
情报获取能力	4	1	1/2	4	3	7	3	5	6
情报分析能力	3	2	1	3	2	5	2	3	4
知识共享能力	1/3	1/4	1/3	1	2	3	2	1	3
知识创新能力	1/2	1/3	1/2	1/2	1	4	2	1/ 2	2
危机公关能力	1/4	1/7	1/5	1/3	1/4	1	1	1/3	1/2
情报保障能力	1/2	1/3	1/2	1/2	1/2	1	1	1/2	1/2
信息化发展水平	1/3	1/5	1/3	1	2	3	2	1	1/3
危机预警能力	1/3	1/6	1/4	1/3	1/2	2	2	3	1

表 3-12 二级指标品牌能力判断矩阵

	品牌知名度	品牌美誉度	市场占有率	品牌忠诚度	品牌价值
品牌知名度	1	1	1/4	1/3	1/4
品牌美誉度	1	1	1/2	1/3	1/2
市场占有率	4	2	1	1/2	2
品牌忠诚度	3	3	2	1	2
品牌价值	4	2	1/2	1/2	1

表 3-13 二级指标财务能力判断矩阵

	年营业收入	总收益率	利润总额	净资产	总资产增长率	净利润增长率	资产负债率
年营业收入	1	2	4	3	4	2	3
总收益率	1/2	1	5	4	3	2	1/4
利润总额	1/4	1/5	1	1/4	1/3	1/4	1/4
净资产	1/3	1/4	4	1	1/2	1/3	1/2
总资产增长率	1/4	1/3	3	2	1	1/2	1/4
净利润增长率	1/2	1/2	4	3	2	1	1/2
资产负债率	1/3	4	4	2	4	2	1

表 3-14 二级指标产品能力判断矩阵

	产品库存率	产品价格竞争力	产品市场覆盖率	产品销售增长率	顾客满意度	产品适销度
产品库存率	1	1/4	1/6	1/3	1/5	1/2
产品价格竞争力	4	1	3	1/2	2	3
产品市场覆盖率	6	1/3	1	4	2	5

续表

	产品库存率	产品价格竞争力	产品市场覆盖率	产品销售增长率	顾客满意度	产品适销度
产品销售增长率	3	1/2	1/4	1	1/4	2
顾客满意度	5	1/2	1/2	4	1	4
产品适销度	2	1/3	1/5	1/2	1/4	1

（2）计算权重

用方根法得各级权重，见表 3-15~3-20。

表 3-15　一级权重

	创新能力	情报能力	品牌能力	财务能力	产品能力
权重	0.3480	0.3353	0.1652	0.0863	0.0652

表 3-16　二级指标创新能力各分指标权重

	企业技术水平	新产品研发周期	新产品高附加值率	拥有专利数量	年新增专利数量	技术先进程度	综合技术自主率	年研发费用
权重	0.1451	0.2193	0.1804	0.1905	0.0653	0.0827	0.0570	0.0597

表 3-17　二级指标情报能力各分指标权重

	情报规划能力	情报获取能力	情报分析能力	知识共享能力	知识创新能力	危机公关能力	情报保障能力	信息化发展水平	危机预警能力
权重	0.1320	0.2590	0.2286	0.0884	0.0775	0.0301	0.0498	0.0698	0.0648

表 3-18　二级指标品牌能力各分指标权重

	品牌知名度	品牌美誉度	市场占有率	品牌忠诚度	品牌价值
权重	0.0805	0.1028	0.2638	0.3531	0.1998

表 3-19　二级指标财务能力各分指标权重

	年营业收入	总收益率	利润总额	净资产	总资产增长率	净利润增长率	资产负债率
权重	0.2888	0.1684	0.0354	0.0707	0.0738	0.1257	0.2371

表 3-20　二级指标产品能力各分指标权重

	产品库存率	产品价格竞争力	产品市场覆盖率	产品销售增长率	顾客满意度	产品适销度
权重	0.0425	0.3073	0.2759	0.0980	0.2126	0.0637

（3）一致性检验

检验结果见表 3-21。

表 3-21　一致性检验结果

	n	*λmax*	*CI*	*RI*	*CR*	<0.1
A	5	5.1286	0.0321	1.12	0.0287	√
B_1	8	8.6766	0.0967	1.41	0.0686	√
B_2	9	9.9778	0.1222	1.45	0.0843	√
B_3	5	5.1827	0.0457	1.12	0.0408	√
B_4	7	7.7481	0.1247	1.32	0.0945	√
B_5	6	6.4121	0.0824	1.24	0.0665	√

由表 3-21 可知全部通过一致性检验，由此得出竞争对手的综合评价体系的权重，见表 3-22。

表 3–22　竞争对手综合竞争力评判指标权重

目标层	一级指标	一级权重值	二级指标	二级权重值
竞争对手综合竞争力评判指标权重	创新能力	0.3480	企业技术水平	0.1451
			新产品研发周期	0.2193
			新产品高附加值率	0.1804
			拥有专利数量	0.1905
			年新增的专利数量	0.0653
			技术先进程度	0.0827
			综合技术自主率	0.0570
			年研发费用	0.0597
	情报能力	0.3353	情报需求规划能力	0.1320
			情报获取能力	0.2590
			情报分析能力	0.2286
			知识共享能力	0.0884
			知识创新能力	0.0775
			危机公关能力	0.0301
			情报保障能力	0.0498
			信息化发展水平	0.0698
			危机预警能力	0.0648
	品牌能力	0.1652	品牌知名度	0.0805
			品牌美誉度	0.1028
			市场占有率	0.2638
			品牌忠诚度	0.3531
			品牌价值	0.1998

续表

目标层	一级指标	一级权重值	二级指标	二级权重值
竞争对手综合竞争力评判指标权重	财务能力	0.0863	年营业收入	0.2888
			总收益率	0.1684
			利润总额	0.0354
			净资产	0.0707
			总资产增长率	0.0738
			净利润增长率	0.1257
			资产负债率	0.2371
	产品能力	0.0652	产品库存率	0.0425
			产品质量	0.3073
			产品价格竞争力	0.2759
			产品市场覆盖率	0.0980
			顾客满意度	0.2126
			产品适销度	0.0637

3.3.5 竞争对手竞争力评价

在确定了竞争对手竞争力指标体系后，我们需要对该套指标体系应用方法进行分析和研究。竞争对手竞争力评价的具体步骤如下。

1. 确定指标及权重

如本章前两节分析，评判一个企业是否是竞争对手，综合竞争力是否足够强，主要需要审核和评定其创新能力、情报能力、品牌能力、财务能力和产品能力 5 项指标，对这 5 项指标进行二级细化，得到指标体系如 3.3.3 小节中的表 3–6 所示。

将影响竞争对手实力的一级指标列成集合 $U=(u_1, u_2, u_3, u_4, u_5)$；$u$ 代表一级指标，每个一级指标按照对评价对象的影响程度可分为不同的等级：$u_1=(u_{11}, u_{12}, u_{13}, u_{14}, u_{15}, u_{16}, u_{17}, u_{18})$，$u_2=(u_{21}, u_{22}, u_{23}, u_{24}, u_{25}, u_{26}, u_{27}, u_{28}, u_{29})$，$u_3=(u_{31}, u_{32}, u_{33}, u_{34}, u_{35})$，$u_4=(u_{41}, u_{42}, u_{43}, u_{44}, u_{45}, u_{46}, u_{47})$，$u_5=(u_{51}, u_{52}, u_{53}, u_{54}, u_{55}, u_{56})$。竞争对手综合竞争力评价指标权重如表 3–23 所示。

表 3–23　竞争对手综合竞争力评价指标权重

目标层	一级指标	权重	权重值	二级指标	权重	权重值
竞争对手综合竞争力评判指标权重	创新能力	u_1	0.3480	企业技术水平	u_{11}	0.1451
				新产品研发周期	u_{12}	0.2193
				新产品高附加值率	u_{13}	0.1804
				拥有专利数量	u_{14}	0.1905
				年新增的专利数量	u_{15}	0.0653
				技术先进程度	u_{16}	0.0827
				综合技术自主率	u_{17}	0.0570
				年研发费用	u_{18}	0.0597
	情报能力	u_2	0.3353	情报规划能力	u_{21}	0.1320
				情报获取能力	u_{22}	0.259
				情报分析能力	u_{23}	0.2286
				知识共享能力	u_{24}	0.0884
				知识创新能力	u_{25}	0.0775
				危机公关能力	u_{26}	0.0301
				情报保障能力	u_{27}	0.0498
				信息化发展水平	u_{28}	0.0698
				危机预警能力	u_{29}	0.0648

续表

目标层	一级指标	权重	权重值	二级指标	权重	权重值
竞争对手综合竞争力评判指标权重	品牌能力	u_3	0.1652	品牌知名度	u_{31}	0.0805
				品牌美誉度	u_{32}	0.1028
				市场占有率	u_{33}	0.2638
				品牌忠诚度	u_{34}	0.3531
				品牌价值	u_{35}	0.1998
	财务能力	u_4	0.0863	年营业收入	u_{41}	0.2888
				总收益率	u_{42}	0.1684
				利润总额	u_{43}	0.0354
				净资产	u_{44}	0.0707
				总资产增长率	u_{45}	0.0738
				净利润增长率	u_{46}	0.1257
				资产负债率	u_{47}	0.2371
	产品能力	u_5	0.0652	产品库存率	u_{51}	0.0425
				产品质量	u_{52}	0.3073
				产品价格竞争力	u_{53}	0.2759
				产品市场覆盖率	u_{54}	0.0980
				顾客满意度	u_{55}	0.2126
				产品适销度	u_{56}	0.0637

2. 确立评价集

根据竞争对手的实际情况，建立评价集 $V=\{v_1, v_2, v_3, v_4, v_5\}$。其中 V 代表评价集，v 代表评价指标。依前文所示，本书对评价集中的五个评语使用{优，良，中，低，差}，给定的值分别为 100、90、80、70 和 60

分别对应竞争对手等级的主要竞争对手、次要竞争对手、普通竞争对手、潜在竞争对手和非竞争对手为 5 个等级。

3. 确定评价矩阵

对原始评价指标实际值进行无量纲化处理后，再对 U 中的单因素 u_{ij} 作单因素评价。根据隶属函数可以确定评价指标值属于优、良、中、低、差每个等级的比重，得到因素 u_{ij} 的单因素评价结果，可用 R_i=（r_{i1}，r_{i2}，…，r_{in}）来表示，它是评语集 V 上的一个模糊子集。分别对同一准则层的 m 个因素进行单因素评价可得到一个总的评价矩阵 R。

$$R=\begin{bmatrix} R_1 \\ R_2 \\ \vdots \\ R_m \end{bmatrix}=\begin{bmatrix} r_{11} & r_{12} & \cdots & r_{1n} \\ r_{21} & r_{22} & \cdots & r_{2n} \\ \vdots & \vdots & \vdots & \vdots \\ r_{m1} & r_{m2} & \cdots & r_{mn} \end{bmatrix}$$

其中，R 的第 i 行表示的是对第 i 个因素的评价结果，而 r_{ij} 表示的是第 i 个评价因素对第 j 个评价等级的隶属度，它反映了各评价因素与评价等级之间用隶属度表示的模糊关系。m 为准则层数，n 为评价等级数。通过部分计算，最终得到 R_1=（r_{ij}）$_{8\times5}$，R_2=（r_{ij}）$_{9\times5}$，R_3=（r_{ij}）$_{5\times5}$，R_4 =（r_{ij}）$_{7\times5}$，R_5=（r_{ij}）$_{6\times5}$。

4. 确定待评价企业的隶属度

首先通过上面的计算得到各子准则层的权重集 W_i 和隶属矩阵 R_i，即可根据下式计算一级模糊综合评判矩阵 B_i。

$$B_i=W_i \circ R_i=\begin{bmatrix} w_{i1} \\ w_{i2} \\ \vdots \\ w_{in} \end{bmatrix}\circ\begin{bmatrix} r_{i11} & r_{i12} & \cdots & r_{i15} \\ r_{i21} & r_{i22} & \cdots & r_{i25} \\ \vdots & \vdots & \vdots & \vdots \\ r_{in1} & r_{in2} & \cdots & r_{in5} \end{bmatrix}=\begin{bmatrix} b_{i1} \\ b_{i2} \\ \vdots \\ b_{in} \end{bmatrix}$$

其中“o”为模糊矩阵合成的模糊算子，为简便计算可采取普通积和运算。分别计算得到：$B_1=W_1oR_1=$（b_{11}，b_{12}，b_{13}，b_{14}，b_{15}，b_{16}，b_{17}，b_{18}）；$B_2=W_2oR_2=$（b_{21}，b_{22}，b_{23}，b_{24}，b_{25}，b_{26} b_{27}，b_{28}，b_{29}）；$B_3=W_3oR_3=$（b_{31}，b_{32}，b_{33}，b_{34}，b_{35}）；$B_4=W_4oR_4=$（b_{41}，b_{42}，b_{43}，b_{44}，b_{45}，b_{46}，b_{47}）；$B_5=W_5oR_5=$（b_{51}，b_{52}，b_{53}，b_{54}，b_{55}，b_{56}）。

其次是根据计算得到的 B_1，B_2，B_3，B_4，B_5 构造准则层的隶属矩阵 B：

$$B=\begin{bmatrix} B_1 \\ B_2 \\ \vdots \\ B_5 \end{bmatrix}=\begin{bmatrix} b_{11} & b_{12} & \cdots & b_{15} \\ b_{12} & b_{22} & \cdots & b_{25} \\ \vdots & \vdots & \vdots & \vdots \\ b_{51} & b_{52} & \cdots & b_{55} \end{bmatrix}$$

由计算所得的准则层各指标的权重集 W 和计算的隶属矩阵 B 通过下式运算得到 U 对 V 的隶属向量，即总的评判结果：

$$B'=W\text{ o }B=\begin{bmatrix} w_1 \\ w_2 \\ \vdots \\ w_5 \end{bmatrix}^{\mathrm{T}} \text{o} \begin{bmatrix} b_{11} & b_{12} & \cdots & b_{15} \\ b_{21} & b_{22} & \cdots & b_{25} \\ \vdots & \vdots & \vdots & \vdots \\ b_{51} & b_{52} & \cdots & b_{55} \end{bmatrix}=\begin{bmatrix} b_1 \\ b_2 \\ \vdots \\ b_5 \end{bmatrix}^{T}$$

5. 确定竞争力等级，选择相应的竞争分析模式

根据最大隶属度原则，B' 中最大者即为该企业进行评价后所属的竞争层级。若得出的评判等级为差，对应的竞争层级为非竞争对手，则竞争情报分析流程就此结束。若不为差，评价等级为优、良、中、低，对应的竞争层级分别为主要竞争对手、次要竞争对手、普通竞争对手或者潜在竞争对手，则相应地采取Ⅰ级、Ⅱ级、Ⅲ级和Ⅳ级，4个不同级别的竞争情报监测和分析模式来对该企业进行竞争监测和分析，最终采用相应的应对模式来进行竞争监测及竞争分析。

综上所述，基于竞争对手评价的竞争情报分析流程扩大了企业对环境中竞争对手的监测力度，使企业不再局限于有限的几个竞争对手，而对竞争对手的定义拓展到环境中可能搜集到相关数据的一切可能的企业，避免企业在其他企业突然加入竞争时的猝不及防，有效地发挥了对竞争风险的预警能力。同时依据企业所处的竞争对手评估所对应的层级不同，而选择相应的竞争情报分析模式，将简化企业竞争情报分析工作流程。

3.4　本章小结

竞争对手分析是企业进行竞争情报分析的主要任务，但在经济全球化的今天，企业传统意义上的竞争对手已经不仅仅局限在一个地区或一个国家之中，从全球的范围来看，所有参与行业内利润分配的企业都可以看作是企业的竞争对手。企业竞争对手的增多使得企业所处的环境变得复杂又模糊，行业环境的复杂性和竞争的激烈性，经常导致竞争对手之间实力的此起彼伏。行业外也常有一些企业出于利益或者自身发展的需要涉足本行业。此外，一些与企业本来是合作关系的供应商、渠道商，也会由于各种缘由而拓展自身产业链，参与企业的竞争变为企业的竞争对手。因此，本行业内原有的竞争对手、可能作为替代者的潜在竞争对手，甚至供应商、渠道商等合作伙伴都有可能在一夜之间成为强大的竞争对手，使企业疲于应对。因此，建立一个合理的竞争对手综合竞争力评判指标体系，对环境中可能的竞争对手进行识别和评判，确定其是否是企业的竞争的对手，属于哪一个级别的竞争对手，成为企业竞争情报分析关键任务。本章以竞争情报分析和管理的主要对象—竞争对手为研究对象，具体所做的工作与主要结论如下。

（1）以快递企业为立足点，在广泛调查和深入研究国内外关于竞争对手评价相关研究成果的基础上，利用模糊综合评判法和专家问卷调查法，并结合本书所研究的知识管理与竞争情报，构建了基于知识管理的竞争对手综合竞争力评判指标体系，并采用层次分析法对其权重进行确定。

（2）构建的新形势下竞争对手综合竞争力评判指标体系，从创新、情报能力、品牌能力、财务能力和产品能力 5 个角度对竞争环境中可能的竞争对手的综合竞争力进行评判。其出发点是通过预先测度和评判复杂竞争环境中企业可能的竞争对手的综合竞争力，然后再依据评判的结果，对该企业采取相对应级别的竞争情报监测和分析，简化了企业竞争情报分析流程，扩大了企业竞争监测的范围，增强了企业风险预警能力。

（3）新形势下企业竞争对手综合评判指标体系是基于企业知识管理能力考量的，并且是为企业的竞争情报分析和管理工作服务的，因此本套体系选择以创新能力和情报能力为主导性指标。

第 4 章

新形势下企业竞争情报分析流程研究

4.1　新形势下企业竞争情报研究

4.1.1　新形势下企业核心竞争力

数据是反映客观事物属性的记录，是信息的具体表现形式。信息是具有时效性的，经过加工处理后对决策有价值的数据。知识、情报都属于信息，都是经过人的大脑思维重新集成整合的、具有特定价值的特殊信息。简言之，信息与知识、情报之间是属种关系，信息是属概念，知识、情报是信息之下具有交叉关系的种概念。

知识管理和竞争情报都属于企业的一种经营管理活动。知识管理是企业在面对环境日益加剧的不连续性、高度不确定性和未来的不可预测性背景下，以“人”为中心，以信息资源为基础，以技术为手段，以创新为目的的系统化、组织化的识别、获取、开发、使用、存储和交流企业所需知识并将其转化为提高核心竞争力的思想和活动[99]。

竞争情报是市场经济环境下竞争加剧的产物，是社会信息化高度发展的必然，它所关注的内容是竞争对手、竞争环境、竞争性质、竞争策略、竞争双方的地位和竞争战略等，所有的一切都是围绕“竞争”和提高企业竞争力而展开的，而竞争就是通过各种手段更有效地创造价值，保持和发展企业竞争优势[100]。因此，知识管理和竞争情报在所要实现的目标上是一致的。

在企业的经营管理活动中，由于情报与知识、竞争情报与知识管理之间的相似性与差异性，决定了他们之间的互融与互动能更好地节约企业资源，提高企业的管理效率，从而达到增强企业核心竞争力的战略目标[101]。具体而言，情报与知识，竞争情报与知识管理同企业核心竞争力的关系如

图 4-1 所示。知识与情报是提高企业核心竞争力的信息之源，知识管理与竞争情报是增强企业核心竞争力的两大工具，知识管理与竞争情报之间彼此互动互融，共同为提升企业核心竞争力而努力。基于此，我们进一步分析知识管理与竞争情报的共性。

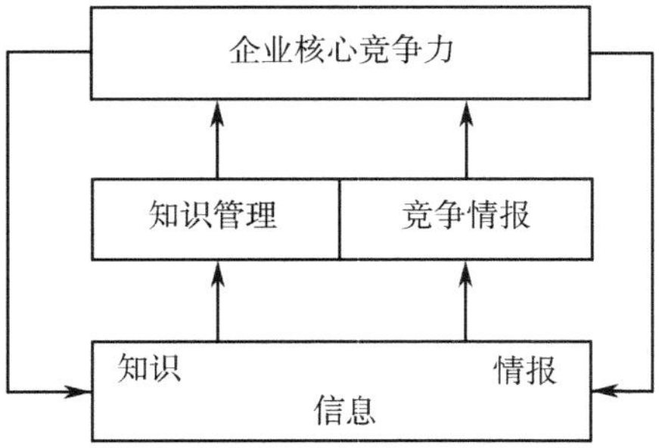

图 4-1 知识管理、竞争情报与企业核心竞争力的关系

1. 知识管理和竞争情报产生背景相同

知识管理与竞争情报都产生于 20 世纪 50 年代，并崛起于 20 世纪 80 年代。20 世纪 50 年代，随着“二战”以后全球经济一体化、发展中国家经济迅速崛起、欧美发达工业国家间的商业竞争加剧，竞争情报与知识管理应运而生。20 世纪 80 年代，冷战结束后，美国和苏联为首的东西两大军事集团对峙局面消失，和平与发展成为世界各国面临的两大主题，国际竞争的重点开始转向以经济为中心的综合国力的竞争，各国政府和工商界加快了对企业更有效管理方法的探索，竞争情报与知识管理作为一种新型的企业管理工具和方法，迅速地崛起。与此同时，随着经济全球化的来临和信息产业的迅猛发展，人类经济步入知识经济时代。为了促进知识创新，形成知识生产、传播、交流和利用的良好环境，并将知识转化为竞争能力和优势，知识管理便应运而生。换句话说，知识经济时代知识的爆炸性增长催生了知识管理[102]。

竞争情报和知识管理都是在自由竞争的市场格局形成，物资经济向知识经济转型的背景下产生的[103]，在这一过程中，经济的全球化和信息技术起到了推波助澜的作用。

2. 知识管理和竞争情报研究内容相同

竞争情报和知识管理都涉及广泛的活动，而活动的主题都是知识和信息。竞争情报与知识管理的研究对象都是信息与知识。竞争情报本身就是一种信息或知识，它的产生过程就是有选择性地对信息和知识的加工、转化，使之成为有决策意义的信息的过程。离开了知识和信息，竞争情报就成了无源之水[104]。当然，信息不会自动转化为竞争情报，它需要企业情报工作人员综合运用情报学知识、管理科学知识、运筹学知识、系统方法论和逻辑推理等知识对零散的信息进行分析和加工，从而生产出源于原有信息和知识，但又高于原有信息和知识的竞争情报。因此，竞争情报本身就是一种信息或知识，它的产生过程就是对信息和知识的加工、转化过程[105]。竞争情报活动主要包括信息的收集、信息内容的整合、信息的深度加工以及对发展趋势的预测及分析等。信息是竞争情报的核心要素。

对于知识管理来说，不管从广义的角度还是狭义的角度来看，知识都是知识管理的对象和核心。知识管理是将企业获取的各种来源的信息转化为知识，并将知识与人联系起来的过程。知识管理的实质是运用信息推动组织创新行为的过程。知识管理主要包括信息的获取、处理，知识的挖掘、共享、创新、应用等一系列的活动。

3. 知识管理和竞争情报活动过程相同

竞争情报和知识管理活动的过程都是数据—信息—知识。知识管理活动分为显性知识管理活动和隐性知识管理活动。显性知识管理活动的流程包括：数据获取—数据预处理—知识存储—知识挖掘—知识共享—知识创新—生成新的知识；隐性知识管理活动则涉及知识社群、企业内部 BBS、企业内部论坛、电视电话会议、隐性知识显性化等，都是组织内的员工不断地将知识改造成各种形式的信息（例如公司备忘录、文献、公司报告、电子邮件和简报等），同时从其他员工那里获取信息以丰富自己的知识。

竞争情报活动的流程包括：规划定向—收集数据—数据预处理—数据存储—数据挖掘—情报分析—情报服务—评估反馈—生成新的情报，实质上是一个根据组织已经拥有的知识确定信息的范围、内容和含义，最终生成影响自己知识结构的新知识—情报。

概言之，竞争情报活动过程和知识管理的活动过程极为相似，这个过程都包含原始数据收集、数据整理成为信息，然后根据特定需要定制化地萃取和加工，以将信息转化成为辅助决策的知识和情报[106]。因此，企业竞争情报和知识管理活动，都是从原始的数据开始，经过搜集、整理成为信息，再进行分析、决策等一系列过程，提升后得到新知识，两者活动过程一致。

4. 知识管理和竞争情报技术基础相同

竞争情报和知识管理都以信息技术为基础。信息技术是“应用信息科学的原理与方法来研究同信息有关的技术的统称，具体是指有关信息的产生、监测、变换、存储、传递、处理、显示、通信等技术和计算机技术”[107]。

信息化和全球化是知识经济得以兴起的两个重要因素[108]。信息技术改变了传统的经济规则，与农业经济、工业经济时代相比，知识经济具有电脑和网络的使用，提高了经济效益；网络化、快速化和虚拟化成为生产的重要特点[109]。信息技术的应用使企业逐步转变为一个平等的开放式系统，企业员工之间每一次有效的信息交流，都会促使企业内部知识的流动和共享，使得更多的企业员工受益。知识管理得益于信息技术，信息技术在很大程度上创造了一个方便知识沟通、知识交流、知识共享、知识创新和知识应用的环境。

而随着信息技术尤其是网络技术的发展，竞争情报也越来越重视和依赖信息技术[110]。网络环境下的竞争情报实质上就是如何利用网络技术开展竞争情报工作，这也逐渐成为竞争情报的热点问题和发展方向[111]。也正是由于信息技术的广泛应用才使竞争情报研究成为人们关注的焦点。竞争情报的各种功能及服务都需要依靠竞争情报技术来实现，如最普遍的搜索引擎服务就离不开搜索引擎技术，情报生产服务也需要内容管理技术的支撑[112]。

5. 知识管理和竞争情报活动目标相同

竞争情报与知识管理的目标都是提高企业的绩效，创造价值，增强企业的核心竞争能力，使企业在全球化的激烈商战中保持竞争优势。如图 4–1 所示，知识管理与竞争情报的实施过程都是从原始的信息开始，经过搜集、整理、分析、决策等一系列过程，最终提高企业的竞争能力[113]。

知识管理是企业在面对环境日益加剧的不连续性、高度不确定性和未来的不可预测性背景下，以“人”为中心，以信息资源为基础，以技术为手段，以创新为目的地系统化、组织化地识别、获取、开发、使用、存储和交流企业所需知识并将其转化为提高核心竞争力的思想和活动[114]。

管理目标上竞争情报活动是为实现企业短期内的具体目标服务，知识管理活动的目的则是提升企业核心竞争力，实现企业的长期目标。虽然两者目标不同，但两个目标有一种互动关系。竞争情报短期目标的实现依赖于竞争情报工作者的智能开发，员工的智能开发是知识管理的工作内容之一。

企业核心竞争力的提升是一个螺旋上升的过程，是通过若干次短期竞争优势的取得而实现的，而竞争情报工作的主要作用就是短期竞争优势的实现。短期目标是长期目标的阶段性成果，长期目标则是短期目标的时间叠加。竞争情报与知识管理工作目标上的这种相互依赖、相互促进的关系，是两者互动关系的集中体现。

4.1.2 新形势下企业管理系统

从 4.1 节分析中我们可知，知识与情报，知识管理与竞争情报都是为提升企业核心竞争力这个战略目标服务的，知识管理与竞争情报作为企业管理的两大工具，在企业管理系统中有着诸多互融互通之处。

1. 共用人力资源

竞争情报与知识管理都十分重视人的作用，都将人视作活动中不可或缺的关键因素。尽管知识管理以知识为管理对象，但人是知识获取、知识创新和知识应用的主体，是知识管理中最活跃和主动的因素。知识管理是以人为中心的管理，将人看成知识的载体、知识的来源，人是知识管理的灵魂。知识管理考虑的是如何使人愿意提供知识、共享知识以及如何创造条件方便人们交流知识、学习知识并最终产生新知识。

就竞争情报而言，人是决定竞争情报的质量和效能的关键因素；情报工作者的素质、企业决策者对情报和情报工作的重视程度、情报工作者与决策者的沟通状况、企业全体员工的竞争情报和反情报意识等都将决定竞争情报的质量和效能。本书所倡导的“全员情报意识”亦认为，应将企业中的所有员工都视作情报源，鼓励企业的每一个员工去提供情报、利用情报并且防止情报泄露（即反情报意识）。总而言之，虽然决定企业竞争力高低的因素很多，但关键还是人。

无论是知识管理还是竞争情报研究，人的行为、观念和能力都是对实施知识管理和生产、运用竞争情报的效能起决定作用的因素。因此，本书将知识管理纳入在企业情报管理工作体系中，企业首席信息官将兼任企业首席情报官和企业首席知识官的职能，企业情报工作人员也将兼任企业知识管理人员的职能，具体对应的流程将在第五章详细说明。竞争情报与知识管理在人力资源方面的共享，不仅可以帮助企业简化管理模式，节约人力资源成本，提高企业管理效率，也将帮助企业有效地应对环境变化、实现企业创新、提升企业竞争力。

2. 共享信息平台

竞争情报和知识管理都是在结构化和非结构化信息的基础上开展起来的，处理这些信息是人工方式和传统的信息管理工具难以胜任的，需要借助现代化的信息技术和计算机技术构建一个企业知识共享平台，这个知识共享平台将起着信息的收集、加工、传递、共享、发布等作用，将有助于组织人员在第一时间获取知识。由于竞争情报的功效性可以在短时间内呈现，所以竞争情报较早地在企业内部引起重视，并在许多企业内部顺利地开展实施。

美国 1998 年的一项调查显示，总部在美国、年收入超过 100 亿美元的大型跨国公司中，有 82% 的公司设有专门的竞争情报机构；总部在美国，年收入 10 亿美元以上的公司中，有 60% 已经建立了较为完善的竞争情报系统[115]。由于竞争情报和知识管理在研究内容、活动过程、技术基础和活动目标及工作方式上大致相似，知识管理可以以企业竞争情报系统为基础，借助先进的网络技术、软件技术建立一个开放的信息共享平台，把知识管理系统整合到企业竞争情报系统中来，实施统一管理，共享信息，有效地利用组织、人际关系和信息三大网络，使竞争情报系统和知识管理系统充分地发挥各自优势，弥补独立的竞争情报和知识管理系统的不足，减少企业的重复建设，进而有效挖掘和利用企业外部商业信息资源和企业内部知识资源，达到提高企业决策能力、应变能力和创新能力的目的[116]。本书将在第 4 章和第 5 章利用企业知识库和基础数据库共同构建企业信息共享平台。

3. 工作流程互融

竞争情报与知识管理的工作流程体现了互动、互融关系，北京大学秦铁辉教授在《竞争情报与知识管理关系浅析》中给出了两者之间的互融关系示意图如图 4-2 所示[117]。

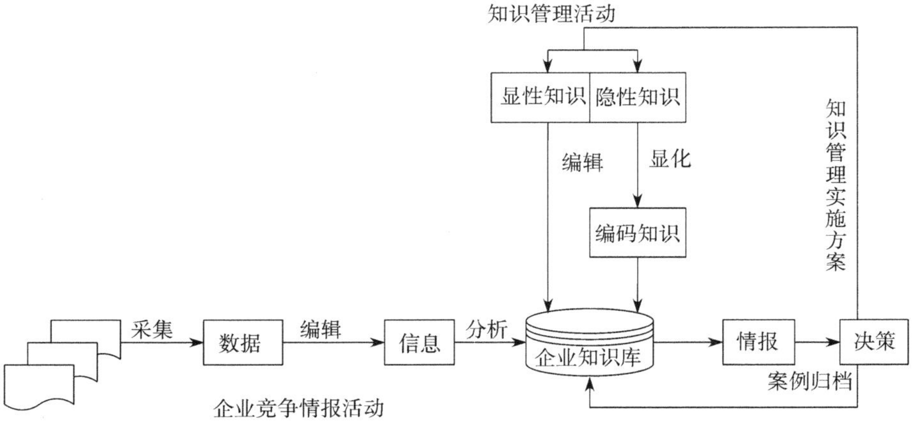

图 4-2 竞争情报、知识管理工作流程互融关系示意图

一方面，竞争情报的某些成果只有通过知识管理途径才能够更好地发挥作用；另一方面，竞争情报的活动结果既可以作为各种不同的案例沉淀为企业的知识，丰富知识管理的内容。同时，围绕企业知识管理所开展的竞争情报活动，也有利于企业制定相宜的知识管理实施方案[118]。在这种竞争情报与知识管理的互融关系中，企业知识库起着互融引擎的作用，协调这两种活动有条不紊地进行。

竞争情报与知识管理的融合并非仅局限于表面的合作，而是深层次的合并。两者之间的融合要求双方互通有无、优势互补，即竞争情报促进知识的获取与创新，知识管理促进竞争情报工作的效率和完善。从而在能力、经验和资源上形成统一体，使融合的结果既保证不会浪费又使资源形成良性组合，进一步将企业有限资源的利用发挥到极致[119]。

4.2　新形势下企业竞争情报分析流程

4.2.1　传统的企业竞争情报分析流程

传统的企业竞争情报分析流程包含数据挖掘的步骤，具体的分析流程的模型如图 4–3 所示，大致可以分为三个模块：数据挖掘模块、目标数据库模块和情报分析模块。

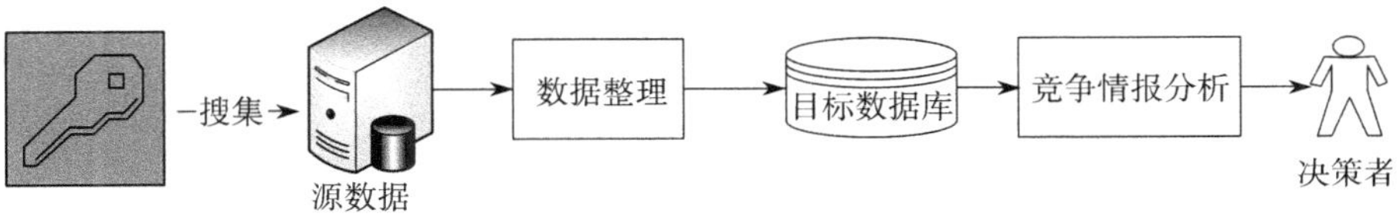

图 4–3　传统的企业竞争情报分析流程

数据挖掘模块对企业竞争情报收集子系统收集来的数据进行筛选、清理，包括解决噪声问题和处理缺失的值，并且筛选掉与竞争情报主题不相关的内容。目标数据库模块区别于数据挖掘模块中数据仓库，该模块应用数据库技术，将经过数据挖掘模块利用数据挖掘技术和方法处理过的目标数据和目标信息存储到目标数据库中。两者的方法相似，但面对的数据和信息不同。情报分析模块分三个步骤。首先，应用 SPSS、SAS 等辅助分析软件对目标数据库中存储的信息进行机械化的分析；其次，情报分析人员对相关信息进行处理、加工和分析，该过程主要运用人的经验和智能；然后，情报分析人员选择恰当的方式将竞争情报传递给决策者。

传统的企业竞争情报分析流程模式单一，是单纯地为了某项竞争情报的需要而进行的单一的竞争情报分析的过程，存在以下几点不足之处。

1. 分析过程不可逆

传统的企业竞争情报分析模型为了某个特定的情报需要而进行的分析模型，分析过程不可逆；从最初的搜集信息开始，到最终的竞争情报的输出，整个流程都是为某个特定的目标而进行的竞争情报的搜集、分析和服务的过程，都是为了某个单一或特定的目标服务而进行的一系列的活动。在该项活动中浪费了大量的人力、物力、资金和时间。

2. 没有充分利用企业资源

传统的模型没有充分利用组织中的其他成员，也没有动用组织中的已经存在的知识资源。情报获取、分析和服务的流程基本由企业情报人员来完成。

3. 服务对象单一

企业竞争情报服务的对象完全是企业的决策者。企业中其他成员，难以获得必要的情报支持，不能够在企业内部形成一个情报共享或者知识共享的良好环境或氛围。

4.2.2 改进后的企业竞争情报分析流程

从 4.2.1 分析中可以得出，传统的企业竞争情报分析流程必须要有所突破和改进，才能帮助企业在激烈的市场竞争环境下快捷、准确、全面地获得必要的竞争情报，确立自己的竞争优势。

一是竞争情报分析流程不能是一个单一的和单向的流程，必须有一个反馈和存储的过程，才能够有效地对整个企业竞争情报工作过程进行统一的规划，对在其中一个项目中产生的成功进行再循环利用，以节省企业资源，提高企业效率；二是信息技术渗透到企业内部的每一个环节，推动着企业的一切经济活动。基于以上两点，本书在传统竞争情报分析流程的基础上，对竞争情报分析流程进行了重构，如图 4–4 所示。

新构建的流程分为 3 个层次，底层是数据存储层，中间是系统分析层，上层是应用互动层。同传统的模型相比，新的竞争分析模型呈现以下特点。

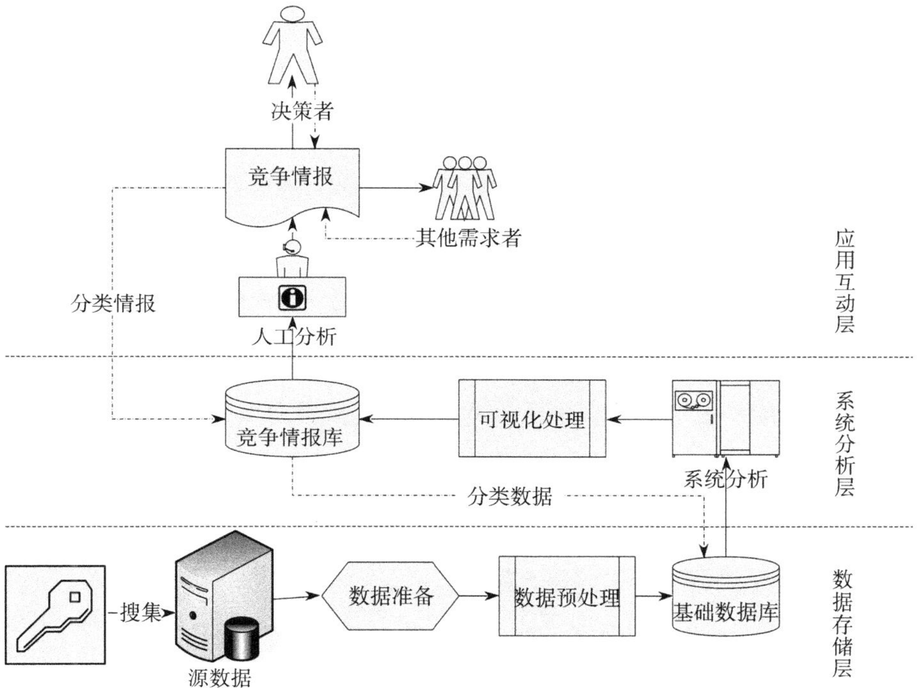

图 4-4　重构后的企业竞争情报分析流程

1. 新构建的模型对数据库进行了改进

将目标数据库改进为基础数据库，增加了竞争情报库。目标数据库是专为某项特定的竞争情报而设立的数据库，具有特定的个性，而不具备共性，当竞争情报的目的改变时，目标数据库也就不能够再使用；基础数据库则是企业的一个公共的基础数据库，在这个数据库中，存储着企业全部经过数据预处理的基本数据。

基础数据库可以循环使用，企业的任何一项情报需求都可以从该数据库中抽取数据。基础数据库的设立不仅简化了情报分析的流程，而且节约了企业资源，提高企业竞争情报反应能力。利用数据挖掘技术、统计分析方法对基础数据进行系统的分析和可视化处理。之后，将所得的基础竞争情报存储到企业竞争情报库，这是一个经过系统处理的竞争情报库，企业中的员工可以通过企业竞争情报门户访问竞争情报库，获得所需的竞争情报。两个数据库的设立，在一定范围内实现了企业内部知识共享。

2. 增加了信息反馈的流程

竞争情报的分析流程不再是单一的自下而上的单线分析过程。首先，将经数据挖掘等信息技术分析并存储在竞争情报库中的分类数据，重新保存到基础数据库，以便储备和循环使用；其次，经过人工智能或者人工分析后所得的具体的竞争情报分类后亦存储到企业竞争情报库；然后，竞争情报的使用者—决策者和其他需求者，对竞争情报提出建议和反馈。

反馈的过程即知识创新过程，该过程不仅能够对最终分析结果进行及时地更新和改善，并能够有效地存储经过加工处理的信息和情报，以便对组织中的知识进行不断累积和创新。

3. 企业竞争情报分析流程被分为 3 层结构

第 1 层结构是支撑活动—信息技术基础设施，是因为信息技术的特殊重要作用。随着以计算机网络为核心的信息技术的迅速发展，企业信息化建设的进程大大加快。信息化意味着企业成为一个开放的系统，与外界进行充分的信息交流，价值越来越多地建立在信息和知识上。此时信息技术基础设施是基本活动和辅助活动的支撑，是企业日常运营的平台和工具，如果不把这一层独立出来，放在辅助活动中无法充分突出它的作用。

第 2 层结构是辅助活动，包含利用数据挖掘技术和统计技术对基本数据库的数据进行系统分析和可视化处理的一系列计算机处理过程和简单存储到竞争情报信息库过程。

第 3 层结构是基本活动。和传统的竞争情报分析模型不同的是，重构后的企业竞争分析模型重点突出了人在竞争分析中的作用。传统的分析模型过于依赖信息技术和文档等显性知识，而忽略了竞争分析情报中人的经验、直觉等隐性知识的作用。因此，在新的竞争情报分析模型中，特别将人工分析这一环节单独提出作为竞争情报分析的关键环节。

在传统的竞争情报分析模型中竞争分析流程方向单一，信息难以共享，简单依赖于信息技术，难以发挥企业耳目尖兵的作用，反而具有很多弊端，直接造成企业竞争情报迟缓，竞争力不强，而信息技术的先进作用也没有充分体现出来。重构后的竞争情报分析模型弥补了这两大缺失。

4.2.3 新形势下基于知识管理的企业竞争情报分析流程

知识经济时代，知识资源取代了资本、原料与劳动力等有形资产成为社会进步的最主要的动力。在知识经济时代，知识资源已经成为企业发展的最主要动力，知识管理作为一个理念、一个工具，已经融入于企业的每一项经济活动。因此，本小节将知识管理的理念融入企业竞争情报的分析流程，构建基于知识管理的企业竞争情报分析流程（如图 4–6），拓展竞争情报分析的研究思路，为企业竞争情报分析实践提供科学可行的方案。

相对于改进后的企业竞争分析模型，基于知识管理的企业竞争情报分析模型有如下优势。

1. 增设了企业共享知识库

企业共享知识库（Enterprise Shared Knowledge Depository）是企业中现有的关于具体问题的知识的数量[120]。企业共享知识库不仅集正式出版的报纸期刊文献、博硕士论文、会议论文、各类相关企业法律法规、行业年鉴、经济统计数据、行业深度研究报告、企业典型案例、企业管理工具书、行业专家访谈等信息资源之大成，并且包含企业内部的各类生产经营信息，客户信息、专家级员工访谈、企业内部培训资料等各项企业知识资源[121]。

企业内部的各项显性知识、企业竞争情报数据库的可公开资料，以及企业决策者或者企业其他成员对竞争情报的反馈及建议，都将最终存储到企业共享知识库中。

2. 构建了企业信息共享平台

企业共享知识库不仅与基础数据库互通有无，资源共享，并共同构建了企业信息共享平台。在这个共享平台上，不仅企业的内、外部各项信息可以非常方便地交流与共用，不同层次、不同部门信息系统之间也可互相交换分析结果，互通有无。

企业信息共享平台是一个基于对海量信息资源数据库检索、外部网络信息资源实时采集以及企业信息资源的个性化应用的功能健全、运行稳定的应用平台[122]。企业信息共享平台不仅有效地实现了企业内部资源的共享，也将全面支持并满足企业实现迅捷、全面的信息资源开发利用的现实需要。

3. 企业竞争情报分析模型由3层拓展为4层

由于企业知识库和企业信息共享平台的增加，基于知识管理的企业情报分析模块增加为4层。其中，企业知识库归为企业数据存储层，企业信息共享平台独立构建为共享层。

4. 应用WSR方法论

WSR是“物理（Wuli）—事理（Shili）—人理（Renli）系统方法论”的简称，是中国著名系统科学专家顾基发教授和朱志昌博士于1994年在英国HULL大学提出的[123]。它既是一种方法论，又是一种解决复杂问题的工具。在观察和分析问题时，尤其是观察分析带复杂特性的系统时，WSR体现其独特性，将方法组群条理化、层次化、起到化繁为简之功效，属于定性与定量分析综合集成的系统思想。

WSR作为一种思路，其核心是在处理复杂问题时既要考虑对象的物的方面（物理，W），又要考虑这些物如何更好地被运用到事的方面（事理，S），最后，由于认识问题、处理问题和实施管理决策都离不开人的方面（人理，R），把 W–S–R 作为一个系统，达到知物理、明事理、通人理，从而系统、完整、分层次地来对复杂问题进行研究[124]。本书基于 WSR 思想，将企业竞争情报分析方法体系分为三层：物理层分析方法、事理层分析方法和人理层分析方法（如图 4–5）。

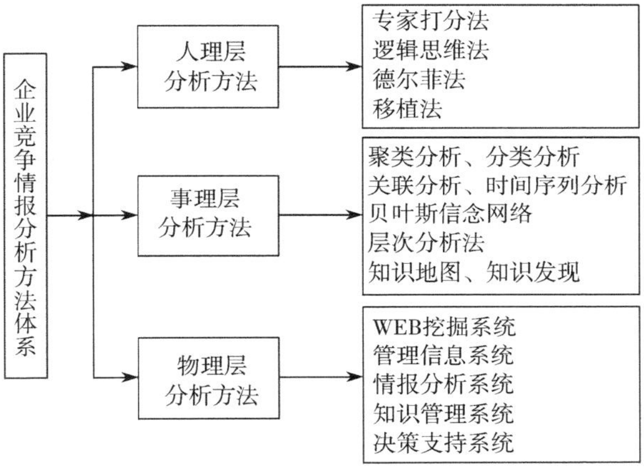

图 4–5　企业竞争情报分析方法体系

企业竞争情报分析物理层分析方法依托于实体系统，主要依靠计算机信息系统来完成。具有一定物理结构的“实体”部分（组分）组合在一起，执行某种功能，共同实现系统目标，这种实体组分的集合体称为实体系统（Physical System）[125]。从系统观的角度来看，知识管理也是一个系统，即知识管理系统[126]。

企业竞争情报分析物理层分析方法包括由 WEB 挖掘系统、管理信息系统、情报分析系统、知识管理系统、决策支持系统运行的，通过企业的相关业务流程，由计算机自主完成的分析过程。它们作为竞争情报分析的物理层决策方法，既可以独立地完成竞争情报分析过程，也可以与其他方法合作进行竞争情报分析，在后一个过程中，它们的作用更多的是为竞争情报分析的事理层决策方法和人理层决策方法奠定决策分析基础。

事理层分析是通过人机结合的方式进行的人工智能分析，采用的方法大多为人机结合的方法，主要包括聚类分析、分类分析、关联分析、时间序列分析、层次分析法、知识地图、知识发现和贝叶斯信念网络等[127]。作为事理层的决策方法，它们除了可以独立地进行竞争情报分析以外，还可以用于验证和深化通过物理层的决策方法产生的决策成果，以支持通过人理层的决策方法产生的决策成果。

人理层分析方法是完全独立于信息技术的分析方法，主要运用人的经验、直觉、知识、智力等隐性知识来进行分析。

人理层决策方法一般情况下，不独立应用于竞争情报分析，基本上是作为一种辅助分析方法，来完善与补充物理层决策方法和事理层决策方法分析所获得的竞争情报分析成果。人理层分析方法大致有专家打分法、德尔菲法、逻辑思维法和移植法四种。

专家打分法是指通过匿名方式征询有关专家的意见，对专家意见进行统计、处理、分析和归纳，客观地综合多数专家的经验，对大量难以采用技术方法进行定量分析的因素做出合理估算，经过多轮意见征询、反馈和调整后，对竞争情报进行分析的方法。逻辑思维法是竞争情报分析的传统方法，它根据已知的竞争情报信息，借助于分析与综合、比较与分类、归纳与演绎等逻辑学手段进行竞争情报分析。德尔菲法运用匿名方式反复多次征询意见和进行背靠背的交流，以充分发挥专家们的智慧、知识和经验，最后汇总得出一个能比较反映群体意志的决策结果。移植法是借鉴其他领域的决策方法，在越来越复杂的竞争情报分析方法陷入山重水复时，能够柳暗花明。

企业知识管理的基本过程可以细分为知识获取、知识存储、知识共享、知识创造、知识利用和知识评价 6 个基本流程，如图 4–6 所示。

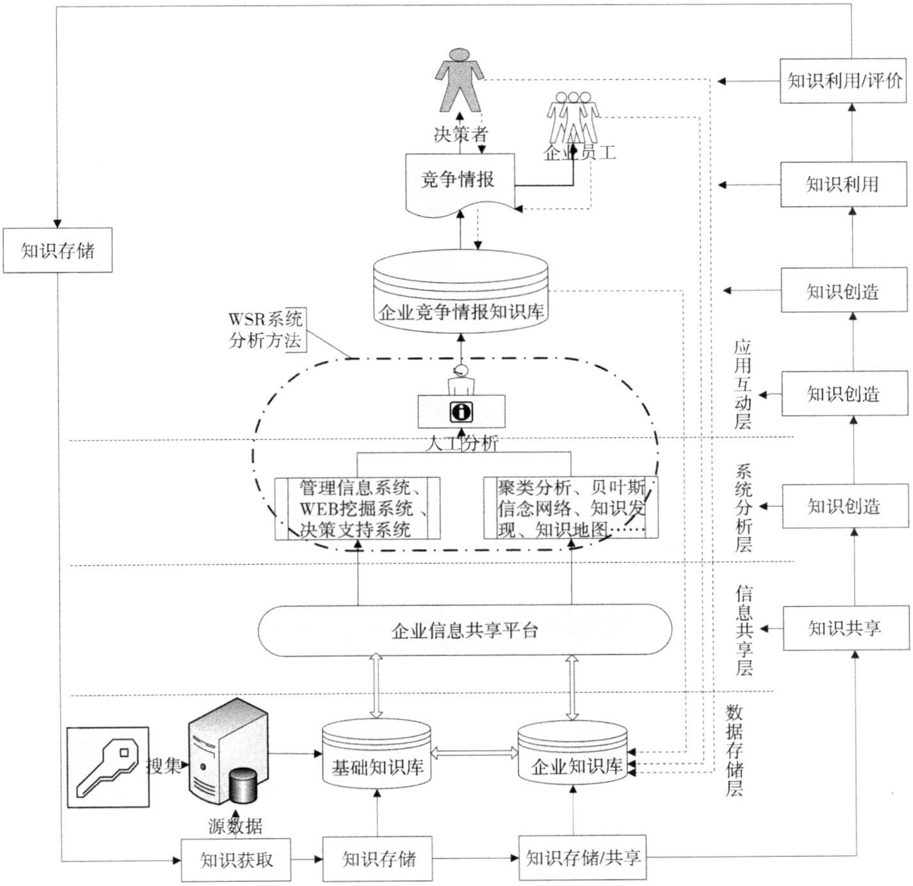

图 4–6　基于知识管理的企业竞争情报分析模型

在企业竞争情报分析的流程中，知识管理的 6 个基本过程并不是截然分开的，而是或多或少地融合在一起，但其中必然有一个过程是起主要作用的。

（1）在搜集源数据活动中，主要伴随着知识获取的过程。知识获取过程是企业与环境交互的接口，在这个过程中，企业主要借助于企业竞争情报收集子系统的支持获取各种原始数据。

（2）企业在获取源数据之后，利用数据仓库技术将这些数据直接存储在企业基础数据库中，这一过程属于知识存储。

（3）企业共享知识库和基础数据库共同搭建了企业信息共享平台，这一过程属于知识共享过程。企业知识库包含了企业知识存储和企业共享两个过程，但以企业知识存储为主。基础数据库和企业知识库中的信息互相交换和补充。

（4）新形势下企业竞争情报分析流程的核心是对企业信息共享平台的资源进行有效的分析，这种分析属于知识创造。基于 WSR 方法将这个分析流程分为三个模块：物理层分析、事理分析和人理层分析。

物理层分析是通过企业中的各种现有系统进行分析，属于纯粹的机器辅助分析，如 WEB 挖掘系统、管理信息系统、知识管理系统、决策支持系统等。

事理层分析通过人机结合的方式进行的人工智能分析，采用的方法大多为人机结合的方法，如聚类分析法、分类分析法、时间序列分析法、层次分析法和贝叶斯信念法等。

人理层分析是独立于计算机之上的分析方法，主要运用人的经验、直觉、知识、智力等隐性知识来进行分析。人理层分析方法大致有专家打分法、德尔菲法、逻辑思维法和移植法四种。

（5）基于 WSR 的竞争情报分析方法是这个竞争情报分析流程的核心与灵魂。经过 WSR 方法分析后所获得的企业竞争情报知识通过知识库技术存储到企业竞争情报知识库中。将企业竞争情报产品存储到企业情报知识库，能有效防止企业内部知识的流失，实现竞争情报自动化、管理科学化，进而全面提升情报获取和知识管理的水平。这也属于知识创造的过程。该库使用对象仅局限在企业决策层和企业竞争情报人员，而非企业知识库一样针对企业全部的员工。

（6）在决策层或者企业需求情报时，企业竞争情报知识库对相应的需求人群提供相应的竞争情报。这属于知识利用过程。

（7）企业决策者和情报需求者在获取相关竞争情报后，将对竞争情报做出评价和反馈，这种评价和反馈将分别存储至企业知识库和企业竞争情报知识库中。对于一部分切实可行和有效的竞争情报，决策者将可能付诸行动。因此这一过程属于知识利用和知识评价过程，以知识评价为主。

在这个过程中，情报使用者的反馈和建议也将通过知识存储过程，返回到最初的竞争情报搜集阶段，构成一个知识管理过程的闭环循环过程。

竞争情报分析是企业情报管理工作的重要环节，是企业情报工作的核心活动，也是最有可能降低成本创造价值的活动，对企业经营意义重大。同时，知识经济时代，知识资产是竞争优势的基础。因此，本节用知识管理的理论分析竞争情报分析的各项基本活动，构建了基于知识管理的企业竞争情报分析模型。

企业竞争情报管理工作的核心是竞争情报分析，竞争情报分析的结果直接关系到企业战略决策的正确与否，是企业命运的灵魂和舵手。因此，本书特别将企业竞争情报分析这一过程独立成章来特别研究。

4.3　本章小结

竞争情报分析是一个从海量的原始数据中，抽取有效的信息，并且以合适方式表达出来的企业竞争情报管理工作中的一个环节。鉴于我国学术界及工商企业界对于竞争情报分析方法的研究已经比较完善和成熟，本书将另辟蹊径，在前人研究的基础上，重点探讨和研究企业竞争情报分析的流程，将竞争情报的分析方法蕴含在企业竞争情报分析的流程中研究，而不是仅仅拘泥于单纯的方法的研究。本书将竞争情报分析这一环节单独成章进行分析研究，是因为这一环节是整个企业竞争情报管理工作中最关键、最核心的部分，关系到整个企业情报管理工作的成败得失。本章所做的工作和具体结论如下。

（1）分析了知识管理与竞争情报的相同性，两者在产生背景、研究内容、活动过程、技术基础等方面存在诸多共性，都是为提升企业核心竞争力这个战略目标服务的。

（2）竞争情报与知识管理作为企业管理工作中的两大方法和工具，在人力资源、信息平台和工作流程方面存在多处互融，两者的有机结合构成了企业管理系统关键部分。

（3）在对传统的竞争情报分析流程进行研究和改进的基础上，构建了新形势下基于知识管理的竞争情报分析流程，并基于竞争情报与知识管理的融合机理，在竞争情报分析流程中设置了企业共享知识库和企业知识共享平台，提高了企业竞争情报分析的速度和效率。

第 5 章

新形势下企业竞争情报管理工作模型

5.1 工作模型总体架构

5.1.1 企业竞争情报管理工作的基本架构

由美国国家安全局提出的一般的情报工作循环[128]如图 5-1 所示，这也是传统的企业竞争情报研究工作的基本架构。在图 5-1 中，企业情报管理工作共分为 5 个环节，每个环节都是必需的，也是相辅相成的，五个环节构成一个情报循环，其中包含了需求分析的“规划与定向”环节，是情报研究工作或企业情报管理工作启动的第一步。

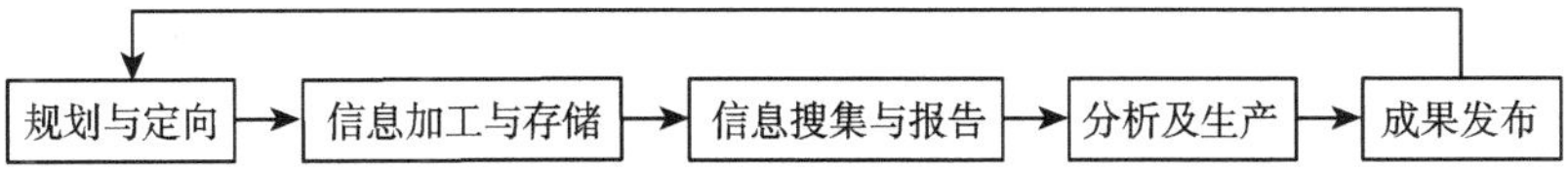

图 5-1　传统的竞争情报管理工作架构

企业情报管理工作和知识管理工作的目标都是，在恰当的时间，将恰当的信息，用恰当的方式，传递给恰当的人。两者都为提升企业竞争力服务！竞争情报是继资金、人才、技术之后的企业第四大核心竞争力。竞争情报着眼于外部环境的监控，帮助企业规避风险、寻找商机；知识管理侧重内部环境的优化，帮助企业营造一种有利于知识交流和共享的氛围。竞争情报所收集的信息和知识，需要借助知识管理，才能在合适的时间，以最恰当的内容传递给最需要的人；知识管理需要借助竞争情报，才能源源不断地获得企业外部的有用信息和知识，使之融入组织内部的知识中，从而提高企业的知识创新能力。

企业开展正确的情报管理工作，既是市场经济全球化和信息时代发展的必然，也是企业提高核心竞争力的迫切需要。企业情报管理工作的规划是企业开展竞争情报工作的前提和基础，长期以来我国企业只重视对外部竞争情报的收集和规划而忽略了企业内部知识的管理和分析。

企业外部的竞争情报和企业内部的知识是一个整体资源，可以综合运用来解决问题和把握新机遇。基于此，本书将企业外部竞争情报及企业内部知识管理相互融合，齐头并举、内外兼修，共同组成企业情报管理工作的两极，构建基于知识管理的企业竞争情报管理工作体系。本书在构建基于知识管理的企业情报管理工作体系基于以下三点。

首先，本书利用企业外部竞争情报知识构筑企业外部知识平台，企业内部的知识构筑企业内部知识平台，二者一起构筑了企业竞争情报知识平台。企业外部竞争情报知识与企业内部知识彼此融合为一个企业知识共享平台。

其次，本书利用企业外部竞争情报分析构筑企业竞争情报工作的外部情报工作架构，企业内部知识管理构筑企业竞争情报工作的内部情报工作架构，二者一起构成了企业竞争情报工作的完整工作体系——新形势下企业竞争情报管理工作体系模型，使企业能够知己知彼、内外兼修，同时也使新的工作体系模型实现了竞争情报与知识管理“1+1>2”的放大效应。

最后，本书利用 WSR 系统方法（如图 5–2）来构建基于知识管理的企业竞争情报管理工作[129–130]。W（Wuli 物理）指企业利用管理学、运筹学等知识，其中包括人工智能、大数据管理、认知科学、复杂性科学、决策科学、情报学、经济学、管理科学、知识科学、系统工程、系统科学知识，对企业情报工作进行管理；S（Shili 事理）指企业运用各种企业流程进行情报管理工作，如情报规划管理系统、情报知识搜集系统、企业知识共享系统、竞争情报分析系统、竞争情报服务系统、评估反馈系统、实施应用系统、竞争情报系统、知识管理系统；R（Renli 人理）是指企业情报管理工作中的核心因素“人”，利用各种不同的分析方法对竞争情报和知识进行分析和管理，其方法如：聚类分析、分类分析、时间序列分析、关联分析、贝叶斯信念网络、层次分析法、专家打分法、德尔菲法、头脑风暴法、乐观悲观折中后悔法、逻辑思维法等。

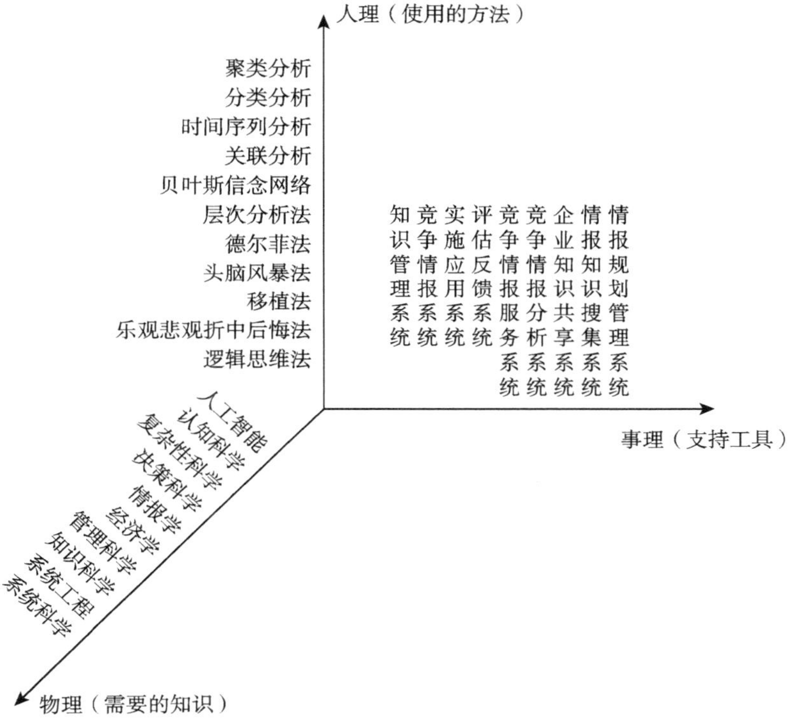

图 5-2　WSR 系统方法论在企业情报管理工作中的应用

通过对图 5-1 企业一般情报管理工作模型进行分析和评估，本书初步构建了基于知识管理的企业情报管理工作的基本模型，如图 5-3 所示。该模型包括情报需求计划、信息收集、信息储存、竞争情报分析、竞争情报服务、评估反馈和采取行动 7 个部分。上述 7 个部分相互配合，按照工作流程完成各自的工作职责，最终形成完整的企业情报管理工作架构。企业情报管理工作模型建立在知识管理平台和技术的基础上，在竞争情报管理工作的各个环节采用知识管理方法和技术。

从图 5-3 看，基于知识管理的企业情报管理工作架构被划分为 7 个功能模块，这 7 个功能模块分别对应不同的知识管理过程。情报需求计划属于知识利用；信息收集即知识获取；信息储存对应知识储存和知识共享两个过程，在情报管理工作流程建设中，这是一个关键的模块，结合在 4.3 节的讨论，我们将在这一个流程中建设一个企业信息共享平台，以便最大限度地收集企业内外部的信息，促进企业所有成员的信息共享；竞争情报分析是企业情报管理工作的核心，也是企业情报管理工作的灵魂，直接关系到企业情报管理的成败得失（因此，本书将这一模块单独成章，在第四章单独分析），这一过程属于知识创造的过程；竞争情报服务即依据企业内部不同用户的需求，提供多层次的以战略价值及时间效用为区划的竞争情报成果体系的过程，这一过程属于知识利用；评估与反馈，即企业内部情报使用者对所提供的竞争情报进行评估和反馈，这一过程将反过来影响最初的情报需求计划；采取行动对应知识利用过程，在对竞争情报进行完善的评估和反馈之后，企业将依据情报采取相应的行动。知识利用是企业知识管理的最终目标。

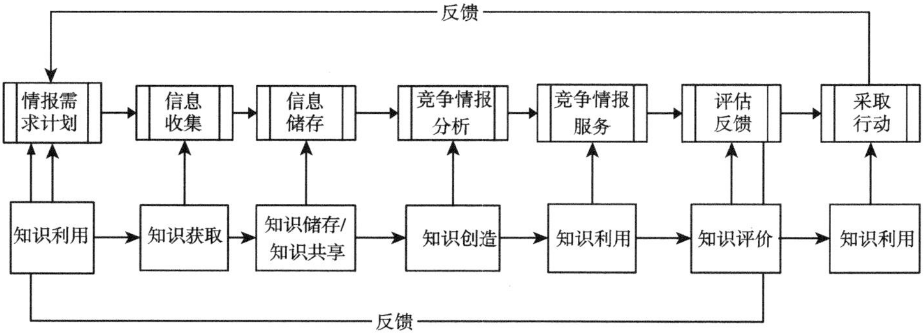

图 5-3　基于知识管理的企业竞争情报管理工作的基本模型

企业情报管理工作架构不同功能模块对应不同层次的员工或部门，如图 5-4 所示。情报需求计划、竞争情报分析和竞争情报服务这三个环节主要由企业从事情报管理工作的专门人员——情报专员来进行；在信息搜集和信息储存到企业信息共享平台这个环节，是由情报专员来主导完成，但企业全体员工也参与到企业信息搜集和信息共享这两个环节，所以这两个流程对应的是情报专员和企业全体员工；评估反馈阶段则对应用决策者和情报需求者；在对情报进行可行性评估并且反馈建议之后，将根据竞争情报付诸实践，采取行动，这一环节对应的是决策者和依据竞争情报实施具体对策的部门员工和领导。

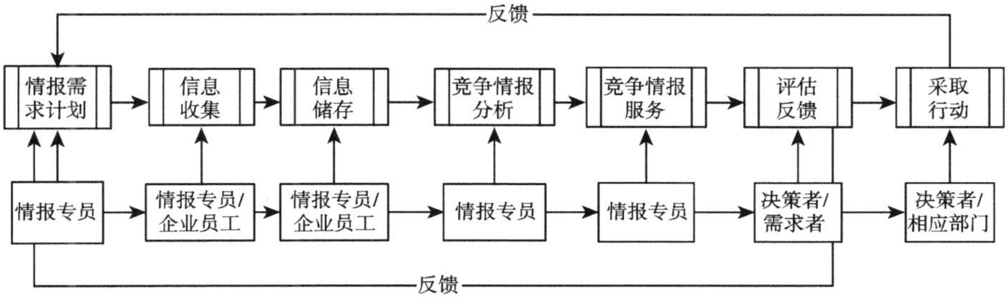

图 5-4　企业情报管理工作架构对应的企业人员

在上面的流程中，知识管理的过程已经融入企业情报管理工作中，因此，企业将不再设立首席知识官（CKO），一般将设立一个企业信息官，承担起首席情报官（CIO）和首席知识官（CKO）的双重职责。企业信息官除承担对企业竞争情报职能及知识管理职能的管理职责外，在组织的结构中将处于总经理（CEO）和其他部门主管之间的一个位置，不仅给其他部门主管提供所需的情报和信息，并且向这些部门的搜集信息，而且对其他部门的知识和情报进行管理。但为了避免出现多头领导的混乱局面，信息部经理和其他部门领导仅存在工作上的合作关系，并不存在领导关系，信息部领导对其他部门只有建议权并没有领导权。

5.1.2 新形势下基于知识管理的企业竞争情报管理工作模型

基于上述讨论，我们得出基于知识管理的企业竞争情报管理工作的基本模型，如图 5-5 所示，主要包括情报规划、情报收集、信息共享、情报分析、情报服务、评估反馈和采取行动 7 个模块，共同构成完整的企业竞争情报管理工作流程；这 7 个模块分别对应不同的企业信息管理系统：情报管理规划系统、企业情报知识收集系统（由竞争情报收集系统和企业知识收集系统构成）、企业知识共享系统、竞争情报分析系统、竞争情报服务系统、情报评估反馈系统和实施应用系统 7 个部分，这 7 个子系统相互配合，按照相应的工作流程完成各自的工作职责，最终形成一个企业情报管理工作系统。这个企业竞争情报工作管理系统建立在知识管理平台和技术的基础上，在竞争情报的各个工作环节采用知识管理技术。

在基于知识管理的企业竞争情报管理工作模型中，知识流贯穿企业情报管理工作的每一个步骤，是企业情报管理工作的信息基础；8 个信息管理子系统构成企业情报管理工作的物质基础；参与企业情报管理工作的人——企业员工，则是企业情报管理系统工作的智力基础，也是整个情报管理工作的灵魂和核心。

企业任何一个系统或者工作，如果离开了人，则失去了其存在的价值和意义。在当前知识经济时代，人更是成为企业发展过程中的关键因素。我们在本书提出了企业内部知识共享的概念，但必须注意到一点：员工是企业的主人，是企业内部知识和情报的拥有者，但也是企业情报泄露的主要渠道之一。基于此，本书提出了“有界的知识共享环境”和“无界的反情报环境”两个概念，即在企业情报管理的工作中，实行分级的、有条件、有范围的企业内部知识共享，而反竞争情报理念和工作则贯穿于企业情报管理工作的每一个步骤，在企业内部实现全员参与的“无界的反情报环境”。

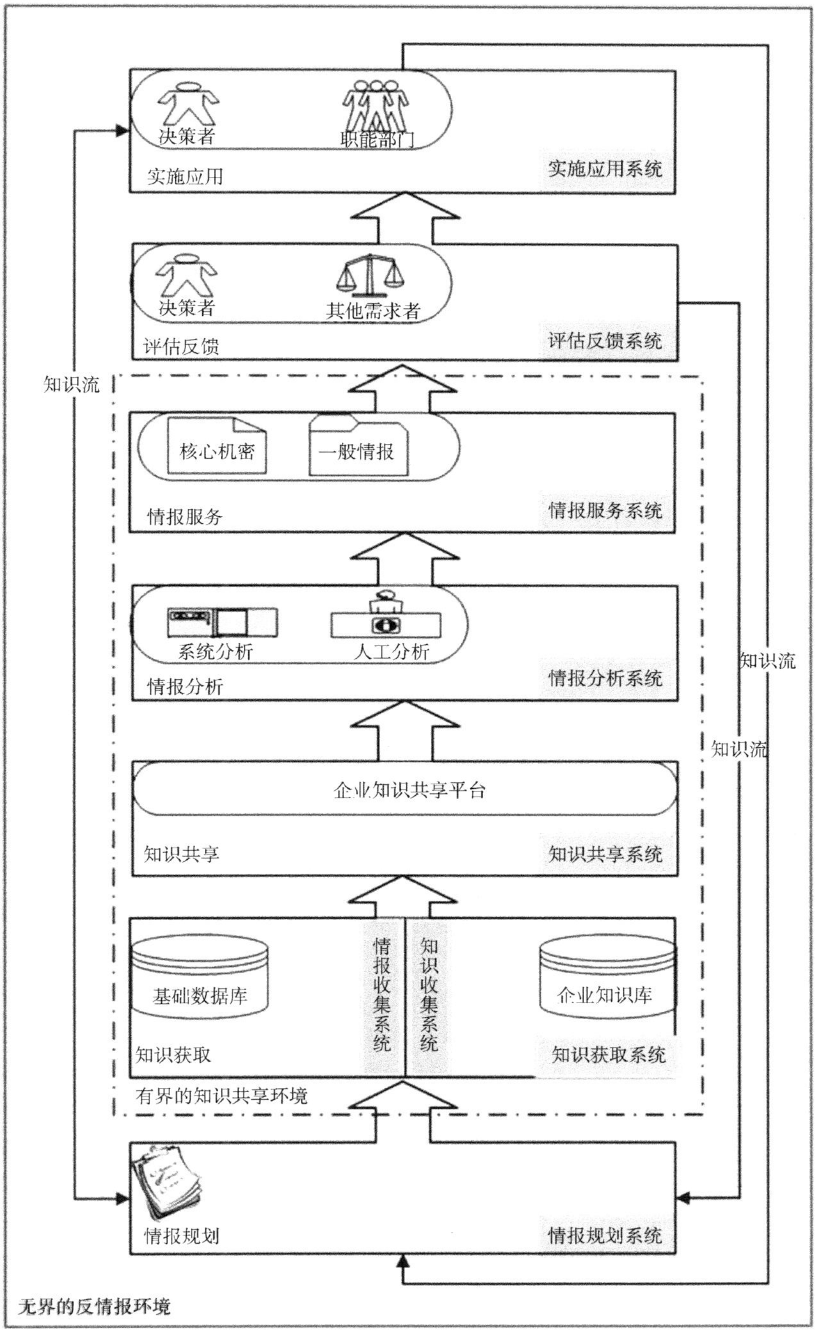

图 5-5　新形势下企业情报管理工作系统模型

5.2 新形势下企业竞争情报管理工作模型职能分析

5.2.1 情报规划系统

企业情报管理工作的情报规划设计系统流程如图 5–6 所示。在常规需求之下或者决策层提出需求之后，进入到情报需求提出流程 / 阶段，企业情报管理工作者对其进行整理后，进行情报需求分析，经过初步调研之后，拟定该项情报管理工作规划，对其进行可行性分析，并提出研究报告，生成关键情报课题（KITs）[131]。

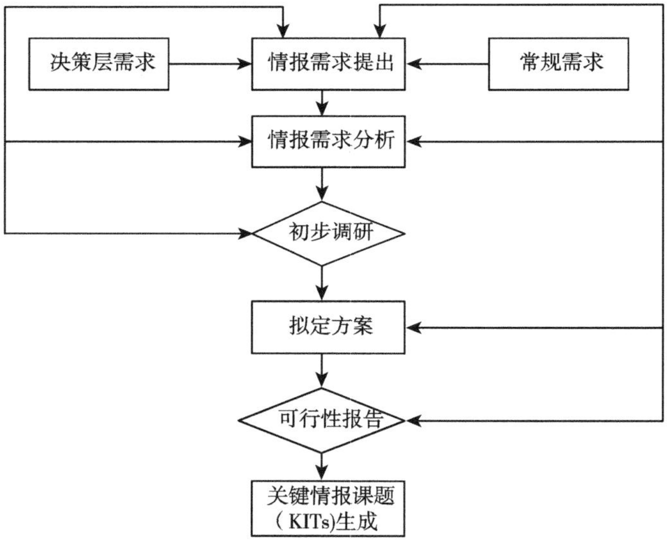

图 5–6 情报规划系统模型

基于上述分析，情报管理规划系统具有下述主要功能。

1. KITs 的确立

情报管理人员通过情报规划设计模型对企业内部不同情报用户的

需求，不同竞争目的的需求进行分析和管理，生成关键情报课题（Key Intelligence Topics）。

2. 情报分级

基于企业内部有界的知识共享和无界的反竞争情报的需求，在情报规划阶段，情报管理人员对生成的各类关键情报课题进行分级，以界定该项 KIT 可能会在哪种范围内发布[132]。对于情报管理人员无法界定和判断的，将提交至决策层审批。同时，情报管理人员将对不同级别的情报设立不同级别的权限，进行多级别的访问和修改控制及管理。

3. 情报需求可行性分析

对于决策者、企业成员提出的情报需求、常规的情报需求进行可行性分析，确定该需求为一个关键情报课题后，付出与获得比是否能够达到一个盈亏平衡点，是否有利于提升企业的竞争力。简言之，就是就该项需求立项进行竞争情报项目管理是否值得的问题。

5.2.2　知识获取系统

企业知识获取系统整合了竞争情报获取系统和企业知识获取系统两个子系统。对于数据库与知识库的区别和界定问题，一直以来比较模糊，也是情报学界争议的问题之一。北京科技大学杨炳儒教授基于认知心理学的“创见意象”与“心理信息修复”，发现了在知识挖掘过程中，在特定的构造下，数据库与知识库间的对应关系，提出了“双库协同机制”理论，揭示了知识库与数据库间的内在联系。本书在企业知识收集系统中引入双库协同机制，通过揭示数据库与知识库在知识转化过程中的对应关系，构建数据库与知识库的内在联系通道，通过以下两个定理从根本上解决了数据库中知识获取的本质问题。

1. 基于双库协同机制的知识获取

定理 1　结构对应定理：论域 X 的推理范畴 C_r（N）与完全数据子类结构可达范畴 $C_\alpha<\gamma$，R^c（γ）$>$ 等价（证明略）[133]。

定理 2　过程模型逻辑等价定理：设知识库的结构模型为 $M=<W, R, M, c>$，数据库的结构模型为 $N=<S, F, sup, rel>$。在依数据子类结构构建数据库和依知识结点网络构建知识库的条件下，M 与 N 逻辑等价（具有一一对应关系）。其中 W 为知识结点集，R 为知识结点间的认知通达关系，M 为正则测度函数，c 为正则确信度函数；S 为数据子类集，F 为数据子类间的可达关系，sup 为数据子类的支持度，rel 为 F 上的转化可信度（证明略）[134]。

通过结构对应定理，可建立数据库中数据子类结构的“层”与知识库中知识“素结点”的一一对应关系（如图 5-7），实现定向搜索与定向挖掘[135]。

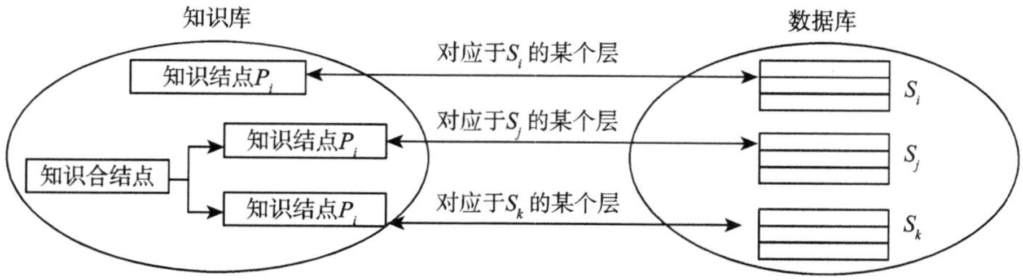

图 5-7　知识库与数据库对应图

在基于双库协同机制的知识获取过程中，除依据用户需求进行知识获取外，还可以通过启发协调机制形成依知识库中知识短缺而生成的系统自身提供的转化方向，进而形成数据库中知识的定向转化。在获得转化结果（假设规则）后，系统在知识评价过程中会中断进程，以期发现产生的转化结果与基础知识库中原有的知识是否重复、冗余和矛盾，并做相应处理，即对知识库进行实时维护。这时，知识库的结构不单由人为因素决定，而是参照数据库中的数据客观地、量化地决定，并且随着数据库中数据的积累而动态变化，从而在内容和结构上具有自我进化的能力[136]。

以上述理论为基础，本书构建知识获取模型的总体思路如以下几点：①构建基础数据库和企业知识库，其中的知识主要来源于企业内部知识管理系统，基础数据库中的数据则主要来源于企业外部；②对数据库中的操作数据进行预处理，包括数据净化、数值变换等；③划分数据子库，划分知识子库，分别形成转化数据库和转化知识库，采用启发型协调器对转化知识库进行处理；④数据聚焦；⑤确定规则（知识生成）；⑥对所获得的知识进行价值评定以决定是否存入衍生知识库[137]；⑦对衍生知识库存放的知识进行合成，综合归纳后产生新的规则，对新规则进行评价后形成新规则库去修正衍生知识库中的故障树、决策树和案例库，最终得到企业共享知识库。模型的总体结构如图5-8所示。

与传统知识获取模式相比，基于双库协同的知识获取其优势在于知识库经历了基础、衍生、合成、综合归纳的一系列提升过程，知识存储的数量与质量得到丰富，并且其管理系统完备，能够有效地发现深层知识与评价知识。此外，通过协调器的作用和案例学习等方式，可提高自学习的功能，不断获得新的知识加入到动态知识库中。

2. 企业竞争情报信息源

企业竞争情报信息主要来自于企业外部信息、企业内部知识两大部分。

企业内部知识，既包括企业内部的显性知识，也包括企业内部的隐性知识。企业内部的显性知识包括企业各个职能部门（包括市场销售部、生产制造部、产品研发设计部、采购部、财务部、人力资源部、规划部等）信息管理系统中的信息与知识，如技术文档、业务部门管理信息与知识等。

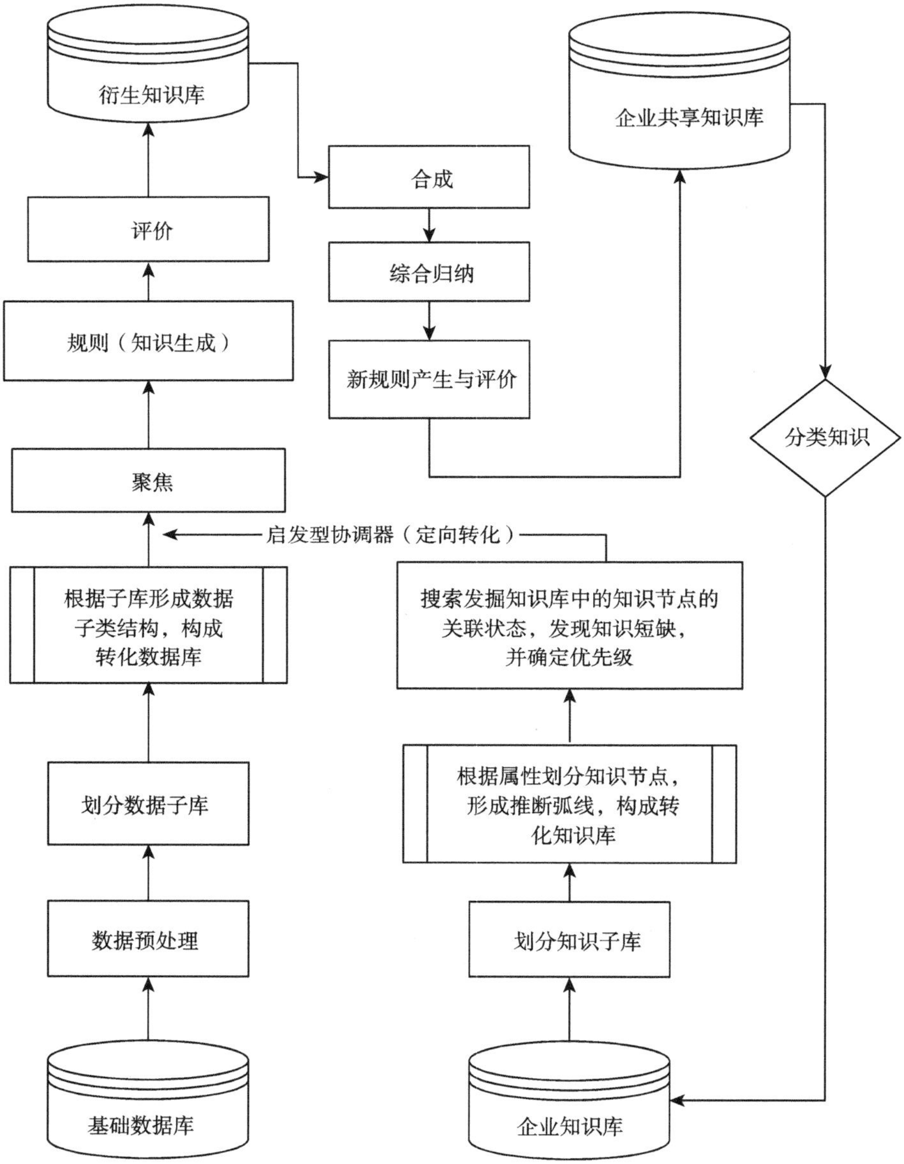

图 5-8 基于双库协同机制的知识获取模型

传统竞争情报所采用的信息收集方法对显性知识往往非常有效，但竞争情报信息源中更为重要的隐性知识信息则很难被发现和采集，将知识管理的知识社区概念引入到竞争情报工作中，可以为隐性知识的发掘提供一个平台。所谓知识社区就是提供给组织成员的交流场所，是通过组织渠道借助计算机网络技术来实现的。知识社区可以采用企业内部 BBS 和企业内部 Blog 的形式获取企业内部隐性知识。

企业外部信息主要指来源于各种公开的情报源的信息，这些信息可以反映企业的竞争环境和竞争对手的情况。①互联网：网站浏览、搜索引擎、新闻报道、研究报告、社会评论、网络调查等；②报纸杂志：尤其是竞争对手的出版物（公开发行刊物、内部刊物、培训资料等）；③产业研究报告：行业协会的、政府部门的、学术团体的、咨询公司的等；④工商企业名录；⑤企业展览会、招聘会、招聘广告：竞争对手在展览会和招聘会上所做的宣传和介绍；⑥企业宣传画册：企业为宣传自身的优势和特色以吸引客户，一般会在宣传画册上透露一些企业内部的情报，尤其是一些竞争对手的先进设备和服务特色；⑦企业内刊、公司介绍；⑧财务报表：竞争对手的公开的财务报表，行业协会公布的行业内企业财务状况报告；⑨证券年度报告：若竞争对手本身为上市公司，或者其子公司或者母公司为上市公司，则每年必须公布的年度报告是一个非常全面的信息来源；⑩政府及各级管理机构公开信息；⑪行业协会出版物：包含行业协会定期和不定期的公开刊物和内部刊物，以及行业内参和行业内专项调研等资料。企业外部信息经过企业知识采集系统进行分类标引后，依据知识地图存入企业知识库。

以快递企业为例，企业知识获取体系分为外部信息获取及内部信息获取两个方面（如图 5-9 所示）。一方面，充当企业竞争情报核心部门的市场部利用企业的各种资源，从网络资源、人力资源、客户信息和第三方信息中获取企业外部的信息，存储到企业基础数据库中。另一方面，通过企业内部的各种职能部门，如财务部、信息部、计划工程部、销售系统、操作系统、客服系统等部门发布的各类报表来获得企业内部的信息资源，存储到企业知识库中。基础数据库和企业知识库共同构成构建快递企业知识共享平台，该平台由快递企业的情报管理部门——市场部主导。

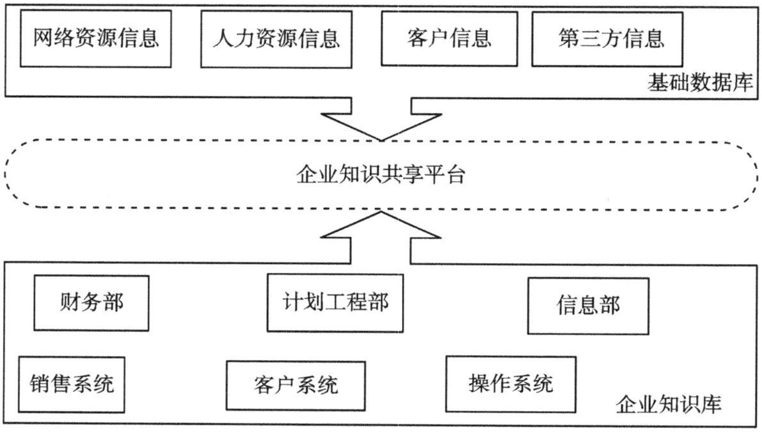

图 5-9 快递企业知识获取体系

5.2.3 知识共享系统

由于信息过载和知识磨损等原因，很多企业认识到不实施知识管理将为企业带来严重风险，不得不重新考虑它们的知识策略。随着互联网的广泛应用和企业业务复杂度的不断增加，要捕捉每天的活动并归档变得越来越难，企业累积的数据日益增多，造成企业信息爆炸和过剩，同时缺乏有效的信息检索和管理；但高价值的信息必须被筛选出来并分享给需要它们的人，同时默许信息必须被数字化，这样它就能被归类和共享了。如图 5-8 所示，本书认为，知识共享是建立在知识库技术基础之上的。知识库除了包含事实外，还包含了领域知识和控制机制，并通过知识表示方式像事实一样显性地表达出来。知识库具有保真知识的能力，支持在某个确定规则下进行推理和演绎。知识库比数据库拥有更多的实体，它不仅存储了知识的条目，而且存储了与之相关的事件、知识使用记录、来源线索等相关信息，还有的知识库收集存储了各种经验总结、备选方案，通过模式识别、优化算法等方法来支持决策，既降低了知识重复获取的成本，又加快了知识流动和创新的速度。

本书立足于基础数据库和企业知识库，基于双库协同机制，构建了知识获取和整理模型，最终得到一个企业共享知识库。借助企业共享知识库构建了一个企业知识共享平台，以便于企业信息和知识的共享，共享的知识流在该平台上可随意流动。

知识社群，是指员工自动自发（或者半自动自发）组成的知识分享团体，其凝聚力量是源于人与人之间的交情及信任，或是共同的兴趣，而不是正式的任务与职责[138]。知识社群最能发挥隐性知识的传递与知识创新作用，是隐性知识唯一有效的转移方式。

5.2.4　情报分析系统

情报分析系统是企业情报管理工作的核心之一，该系统是竞争情报的“制造车间”。它以竞争情报人员的智能为主导，实现信息的集成、重组和智化。竞争情报人员采用人工分析与计算机辅助分析相结合的手段，将竞争情报信息库中的信息按照竞争情报项目的要求进行有序化、系统化、层次化处理，最终使其转化为竞争情报。

基于知识管理的竞争情报分析系统的工作流程如图 4–6 所示，本书在第 4 章已做详细论述，在此不作赘述。

5.2.5 情报服务系统

情报服务系统的主要功能是根据竞争情报分析人员、决策者及企业内其他人员的信息需求，动态地创建各类分析报告，并通过约定的方式及时地将竞争情报传递给用户，并为企业决策层和其他用户提供快捷方便的浏览、查询服务和情报服务。

情报服务系统依据企业内部不同用户的需求，提供多层次的以战略价值及时间效用为区划的竞争情报成果体系，同时应具有分类浏览、多途径检索、最新情报服务三大功能。分类浏览对所有企业内部情报产品都进行了一级或二级分类。多途径检索功能提供了如主题词、关键字、日期、全文检索及复杂检索等功能，其中包括用户根据知识地图浏览和检索竞争情报数据库[139]。最新情报服务通过企业内部因特网开辟竞争情报专栏，可随时将最新的情报简报、情报综述等显示在服务界面的最显著位置。辅助的服务还包括企业内部 BBS 服务、定向 E-mail 服务、手机短信服务等服务。

企业通过竞争情报服务系统完成了对企业外部及内部的竞争情报搜集之后，需要将搜集到的信息转化成真正有效的产品，在公司内部分享，体现竞争情报的真正价值。以快递企业为例，提供的竞争情报产品按其战略价值与其针对的目标读者的重要性，大致可以分为如表 5-1 所示的 8 个板块。这种区分用于传递情报及分析结果。

竞争情报产品也可以按发布时间的间隔分类如下。①竞争日报：每日业务运营图（仅限于初级管理人员以上）、每日竞争对手电邮简报（E-mail Briefing）、每日竞争情报数据库简单查询；②竞争周报：每周业务运营分析（仅限于中层及以上管理人员）、每周竞争态势；③竞争月报：每月业务运营分析（仅限于中层及以上管理人员）、每月公司信息月报、每月竞争环境分析；④不限时报告：特别专题报告（仅限于高级）、行业重大突发事项简报等；另外一些非纸媒或电子文档的竞争情报成果则可通过面对面的交谈、电话、视频会议，以及职工定期或不定期培训等方式发布。

表5–1　企业竞争情报管理工作产品构成

板块	内容	价值	目标读者	更新频率
基本数据库	包括国家和地方关于物流、货运、民航、能源等政策法规的修改和变化；相关行业协会信息	低	企业全体员工	开放式
竞争对手档案	企业主要竞争对手公司的现状、动向、广告、促销、公关等各种信息；主要竞争对手公司的高层领导的言论、活动以及变动等	低	企业全体员工	开放式
每周信息简报	包含来自企业内部及外部情报源的战略性和战术性信息，包括市场对企业的各种反馈信息	中	部门初级管理人员及以上人员	每周
市场影响报表	类似每周信息简报，但对信息是否具有战略或战术影响作了初步评估	中	部门中级管理人员及以上人员	每月
竞争监测月报	报告的战略性信息和其他若干能产生影响的信息	中	部门中级管理人员及以上人员	每月
市场监测报告	潜在的市场、可能开发的市场、潜在的威胁、可能发生的威胁	高	高级管理层及相关中级管理人员	不定期
重大突发事件	对国家宏观政策调整、行业内重大事件、竞争对手重大行动，迅速提供一个专门的调研、分析及应对方案	高	高级管理层及相关中级管理人员	不定期
特别竞争报告	依据特定情况或问题，总结若干关键的支持性分析，并提供一个建议性的行动方案	高	高级管理层及相关中级管理人员	不定期

5.2.6 评估反馈系统

评估反馈系统由企业虚拟的网络系统及实体系统组成，包括企业内部的沟通渠道和平台及知识流的自由流动。在基于知识管理的企业情报管理工作模型中，知识流贯穿于整个工作模型的始终，在各个模块上自由流动，知识流不仅是评估反馈系统信息基础，亦是整个企业情报管理工作的信息基础。

评估反馈企业内部沟通渠道包括邮件回复、企业内部 BBS 情报论坛、网络会议、知识社群等模块。评估反馈系统提供了企业决策者、情报用户与竞争情报工作人员之间交流的互动平台。情报用户即企业竞争情报的目标受众。决策者和其他情报需求者在收到情报产品后，通过直接和情报管理人员沟通授意，在企业内部情报论坛中的竞争情报反馈专栏里留言，在知识社群里互相分享等各种方式对竞争情报进行反馈。情报管理人员根据反馈意见及时了解用户情报需求变化，找到竞争情报工作中的缺点和不足，并将这些意见映射和应用到情报规划系统，进而调整和更新企业竞争情报规划的目标，从而建立一个良性的竞争情报管理工作循环。

5.2.7 实施应用系统

企业内部的关键情报课题或者其他的竞争情报项目在企业内部相关人员一系列的流程运作（知识获取流程、知识共享流程、情报分析流程、情报服务流程）下得以完成，形成的企业竞争情报经过评估反馈流程，得到有效的肯定。这时，实施应用系统发挥作用。企业情报管理部门在企业决策者的支持下，将获得肯定的企业竞争情报付诸企业的实际行动和实践活动，真正实现企业智力资源向企业生产力资源的转化，提升企业的竞争力。

至此，企业竞争情报管理工作才算真正完成一个完整的工作流程，或者说通过企业竞争情报管理工作模型将企业获取的竞争情报真正地转化为真实的企业生产力。

5.3 工作模型所需知识支持

企业建立基于知识管理的企业竞争情报管理工作系统是一项全面、复杂的系统工程，需要不断变革、逐步完善，系统通过各种途径和方法不断获取情报，共享知识，并不断创造新的、有价值知识，增强系统的整体能力，最终为企业战略决策服务。构建基于知识管理的企业情报管理工作体系，需要获得以下几方面的知识支持。

5.3.1 建设学习型组织结构

企业情报管理工作的核心要素是人，情报管理最终目的在于人能充分利用情报提升企业竞争力，从而为企业创造经济价值。学习型组织强调以人为本、自我自主管理、超越自我，核心是着眼于组织中人的自我价值实现，推动个人与组织的协调、共同发展。学习型组织成员具有共同愿景，共同愿景是召唤和驱使组织成员向前的动力，其核心是共同的目的感和使命感。共同愿景推动了个人和团队学习的热情，提高了企业员工参与和共享竞争情报和企业知识的能力。

学习型组织可为企业信息、知识、情报的流动提供动力支持，提高企业对竞争情报的需求意愿、需求程度、共享程度以及利用水平。学习型组织通过培养组织的学习气氛，激发员工的创造性思维，因此培育学习型组织是企业提升竞争情报能力的重要手段。学习型组织是为提升竞争情报能力而建立起来的一种有机的、高度柔性的、扁平的、符合人性化的、能持续发展的组织。这种组织具有持续学习的能力，具有高于个人绩效总和的综合绩效。

学习型组织是组织内的所有成员全身心投入，形成勤奋好学氛围的组织；是一个学习资源和学习成果共享，促进所有成员不断学习的互动组织；是通过不断学习调动成员积极性、发挥创造性，调整和改造组织自身以适应环境变化、求得生存和持续发展的组织；是凭借学习，将所有成员的学习成果转化为生产或服务价值，进而实现个人价值，提高组织绩效，实现共同理想的组织。

新形势下企业竞争情报管理工作体系的实施，不但推动了企业知识共享的信息基础设施的建设，而且为企业开辟了网上交流、网上获取所需信息的学习方式。它为组织成员的学习、协作、交流提供了有效知识和情报共享平台。企业竞争情报管理体系使组织成员学习的途径更为多样、学习的手段更为先进，提高了组织成员学习的积极性和主动性，促进了学习型组织的形成和发展，从而进一步提高了企业人力资源的质量，优化了人力资源的结构，提高了企业的竞争情报工作能力。

学习型组织的培育，提高了组织成员的科学知识和文化技术素质，改善了组织成员的心智模式，实现了组织成员的自我超越，促进了组织成员及组织的科技创新能力，提高了企业对竞争情报的需求与利用能力。

新形势下的企业竞争情报管理工作的开展，不仅促进了学习型组织的形成及发展，促进了组织成员的自我超越、共同愿景的形成，而且增强了组织的知识共享能力、知识创新能力、情报获取能力、情报分析能力、情报应用能力，提高了企业竞争情报工作能力，最终提升了企业竞争力。

5.3.2 培养有界的知识共享环境

艾伦·韦伯说过：“说到底，新经济并不存在于技术之中，无论这技术代表的是微芯片，还是全球电信网络。——新经济存在于人的头脑里。”可见，“人”才是新经济时代最重要的因素。知识经济时代，人的知识与智力，成为这个时代具有绝对性的力量，智力资本成为推动社会进步的最主要动力。随着经济全球化和知识化，企业面临的竞争异常激烈，知识已经成为企业最具战略重要性的资源。在大多数企业，竞争情报工作不是过分强调或依赖于信息技术的作用，就是为避免情报的外泄而使收集或分析竞争情报均只由固定的专业竞争情报从业人员来完成，其监测和分析的竞争情报的成果也只提交给企业信息官及企业决策层，企业其他人员均与企业竞争情报无关。这样虽然有效地避免了情报的外泄，但同时也使本企业的员工不仅无法及时提交有效的情报，也无法了解公司的发展方向，使企业陷于情报来源不全面，大部分员工情报流失或信息缺失的尴尬境地。通过知识共享对企业内部相对短缺的知识资源进行知识创新，是形成企业竞争优势的基础。本书特别提出了知识共享在企业情报管理工作中的重要作用。在企业内部有效实现知识共享，成为基于知识管理的企业情报管理工作的重要步骤之一。

知识经济时代，知识是最重要的战略资源，如何获取、使用、更新、创造，是企业生存和发展的必要前提。因此，在竞争日益加剧的环境中，比竞争对手更强的知识学习能力和知识更新能力，或许是唯一有力的竞争优势[140]。

本书认为，基于企业反竞争情报考虑，企业应当在特定的范围内实现有条件的知识共享，即在企业内部构建一个“有界的知识共享环境”。如图5-5所示，在新形势下企业情报管理工作模型中，只对其7个部分中的4个部分企业情报收集、企业信息共享平台、竞争情报分析、竞争情报服务这4个部分实行知识共享，其中竞争情报服务系统提供的情报分为一般情报和核心机密，这其中的核心机密也是不能够全部共享的，只能对其非核心机密实行共享。对于情报规划这一模块，参与者主要是企业情报分析人员。然而，评估反馈和实施应用的参与者应为企业决策者和参与评估反馈和实施应用的相关部门人员，其他员工不参与该项目，没有必要来参与这两个模块，以避免企业核心机密因企业员工有意或者无意的行为而泄漏。因此，企业应在有限的范围内实行“有界的知识共享”。

5.3.3 倡导无界的反情报环境

新形势下企业情报管理工作中，“人”无疑是最核心的要素。“竞争情报”是一种特殊的高度浓缩人类智慧的产品，人的经验与高度综合的判断能力起着关键性的作用。

培养员工的“全员情报意识”，利用员工个人关系及个人高度的职业敏感为公司的竞争情报工作服务，自觉保持公司的情报机密。企业应建立相应的沟通、反馈与奖励制度。员工提供给公司的情报如果给公司创造了时机与效益，就应给予奖励，这样才能激励员工提供情报的主动性和积极性。相反，若企业因为未得到情报而失去了机会，或因为员工的疏忽而泄露了公司的机密，则应进行教育与惩罚，严重则可追究刑事责任。公司能够切实做到奖惩分明，使情报工作能够真正落实到每位员工，树立“全员情报意识”[141]。

商场如战场，知己知彼才能百战不殆。竞争情报与反竞争情报是市场竞争中的剑与盾，是一个问题的两个方面，相辅相成，缺一不可。企业要开展好竞争情报工作，必须与反竞争情报工作相结合。Gartner 调查显示，超过 85% 的安全威胁来自组织内部。在《财富》杂志排名前 1000 位的公司每年因泄漏商业机密而出现的损失高达 450 亿美元[142]。企业竞争情报不仅关系到本企业能否战胜竞争对手，而且也将直接影响本企业的发展战略和长远规划。所以，企业情报管理工作过程中涉及的情报一旦泄露，被竞争对手知悉，势必给本企业的发展造成极大的危害。员工是企业情报泄露的主要渠道之一，同时也是企业的主人，大部分信息不能对员工保密。因此，在积极提倡竞争情报“全员参与”的基础上，必须同时建立内部员工情报保密制度，建立“全员参与”的反竞争情报机制。同时，对应于知识共享的有界性和有条件性，反竞争情报是无条件的、无界的。员工即是企业的主人，又是企业竞争情报泄露的主要渠道之一，因此在企业内部倡导和构建一个“有界的知识共享环境”和“无界的反情报环境”，对新形势下企业情报工作的构建具有非常重要的指导意义。

5.4　本章小结

本书的第 4 章是对企业竞争对手的评估和判断，其目的是简化企业竞争情报分析的流程，扩大企业对竞争对手监测的范围，提升企业的危机预警能力。第 5 章是对企业一般竞争情报分析流程的改进，其目的是简化企业竞争情报分析的流程，提升企业情报管理工作的效率。本章承接第 4 章的研究成果，构建了新形势下企业竞争情报管理工作的模型。本章所做的主要工作和具体结论如下。

（1）构建了新形势下企业竞争情报管理工作模型，该模型由 7 个模块，7 个管理子系统构成，本章对模型中的 7 个职能模型进行了分析和研究，并分析了工作模型所需的知识支持。

（2）在构建新形势下企业情报管理工作的知识收集模块中，对知识获取部分引入双库协同机制，使用知识库制约与驱动知识获取过程，同时用数据仓库中的知识改善和优化知识库，形成一个全面完善的知识获取体系。

（3）创造性地提出了“有界的知识共享环境”“无界的反情报环境”

的概念，充实了竞争情报的理论基础。

（4）本章构建的新形势下企业竞争情报管理工作体系，集知识管理、竞争情报与反竞争情报为一体，不但简化了企业情报管理工作，节约了企业人力和物力，而且能够达到增强企业对外界和内部环境变化的预警能力和应变能力，从而达到提高企业核心竞争力的战略目标。

第 6 章

新形势下企业竞争情报管理应用研究

6.1　我国快递业发展情况概述

6.1.1　我国快递业的发展现状分析

快递业兴起于20世纪60年代末的美国，我国第一家快递企业成立于1979年，是一家中文名为“欧西爱司”（OCS）的日本企业，全称为日本海外新闻集中式会社，其主要业务是为在华的日本商社和媒体递送日本报纸杂志和商业文件。

随着改革开放的深入进行，交通状况的不断改善及信息管理技术水平的提高，中国快递业应运而生。1980年中国成立中国邮政速递物流公司下文简称“中国邮政EMS（Express Mail Service，EMS）”，是中国邮政集团公司直属全资公司，为用户提供国内特快专递服务。1984年开通国际业务，是中国快递行业最大的运营商。1993年，国家放开对邮政业务的监管之后，第一家民营快递企业“快客达”成立，但大浪淘沙，经过几年的发展，快客达早不复存在。而同样成立于1993年的顺丰快递与申通快递却成功上市，成为快递行业的领军企业。

根据国家邮政局发布的2020年邮政行业发展统计公报[143]，截止2020年底，全国快递服务营业网点22.4万处，其中设在农村的7.1万处，快递服务网点已渗透农村及城市。全行业拥有国内快递专用货机124架，快递服务汽车25.4万辆。快递业务收入增速是国内生产总值增速的7.5倍，新增就业人口20余万，快递业已成为我国经济社会发展不可或缺的阳光产业和重点产业。中国跻身世界快递大国行列，离不开民营快递企业的卓越贡献，而民营快递企业也借助国家政策的扶助与经济社会环境的改善，迅速成长。

根据国家邮政局发布的2020年中国快递发展指数报告[144]，以2010年为基期，2010年至2020年11年来，中国快递业呈直线上升趋势，增长率常年保持在20%以上，在2016年达到峰值，为41.19%；2017年至今，增长虽然趋缓，但增长率一直高于20%，远超于其他行业（详见图6-1）。预计未来10年将是快递行业发展的高峰期，也是快递企业决定竞争格局的10年。中国快递发展指数共4个一级指标，分别为快递业发展规模指数、服务质量指数、发展普及指数以及发展趋势指数。①发展规模指数：近年来中国快递业务量连续7年稳居世界首位，占全球市场份额的60%以上。2020年中国快递业发展规模指数为2831，同比提高28.3%，继续保持高速增长态势。②服务质量指数：我国快递服务质量多年来为大众诟病，低价格、低质量一直是快递业服务的标签，低质量是客户投诉热点。

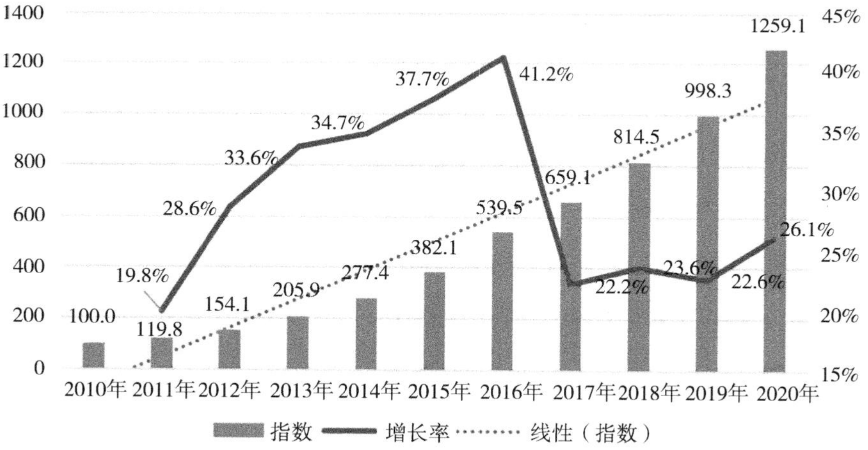

图6-1　2010—2020年中国快递业发展指数

近几年来尤其是自2017年以来，在各快递公司陆续上市之后，服务质量随着业务量的增加而持续走高。2020年，快递行业服务质量指数为196.5，同比提高18.4%，行业高质量发展特征明显。③发展普及指数：

2020 年快递行业发展普及指数为 416.5，同比提高 7.1%。2020 年快递企业日均快递服务量为 4.5 亿人次，相当于每天约有 1/3 人的国人在使用快递服务，快递业逐步走入千家万户，融入国人的日常生活。④发展趋势指数：2020 年快递业发展趋势指数为 100.8，同比提高 21.2%，快递业继续保持良好的发展预期。2020 年全年快递服务企业完成业务量 833.6 亿件，同比增长 31.2%；快递业务收入 8795.4 亿元，同比增长 17.3%。据权威统计，预计 2021 年，快递业务量将超千亿件，同比增长 20%；快递业务收入将超万亿元，同比增长 18%。快递行业仍处于重要的战略机遇期，基本发展趋势长期向好。

我国快递市场的迅速发展，为我国快递企业的发展带来巨大的市场机遇，但同时由于跨国快递公司的冲击及自身的不足，我国快递企业也面临严峻的挑战。如何把握机遇和应对挑战，促进我国快递业健康持续快速发展，已成为近来我国服务业发展的热点话题。

快递产品按照服务区域可分为国际快递和国内快递两个细分市场。本书将主要研究我国国内快递市场，国内快递产品按照服务区域、递送时限及货物重量三个基本维度，如图 6-2 所示。产品可细分为以下几种类型：①按服务区域分：同城快递、省内快递、区内快递、国内快递；②按递送时限分：限时达、当日达、次日达（含次早达、次晨达）、隔日达；③按货物重量分：文件、包裹、经济快递（普货或重货）。

据国家邮政局公布的邮政行业运行情况统计数据，2020 年，全国快递服务企业业务量累计完成 833.6 亿件，同比增长 31.2%；业务收入累计完成约 8795 亿元，同比增长 17.3%，远高于第三产业增加值的平均水平（1.7%）[145]。近年来，2014—2020 年中国快递业务量连续 7 年稳居世界首位，占全球市场份额的 60% 以上。中国已成为世界上发展最快、最具活力的新兴寄递市场。从图 6-3 及图 6-4 可见，2014 年至 2020 年，我国快

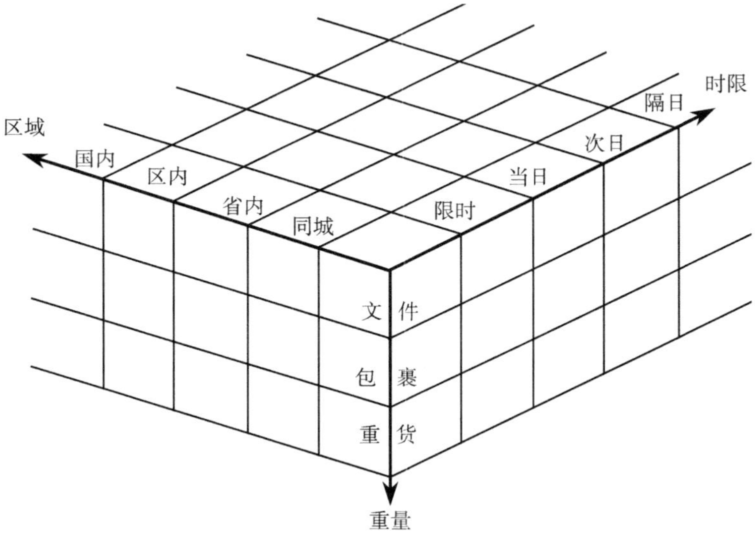

图 6-2 国内快递产品分类示意图

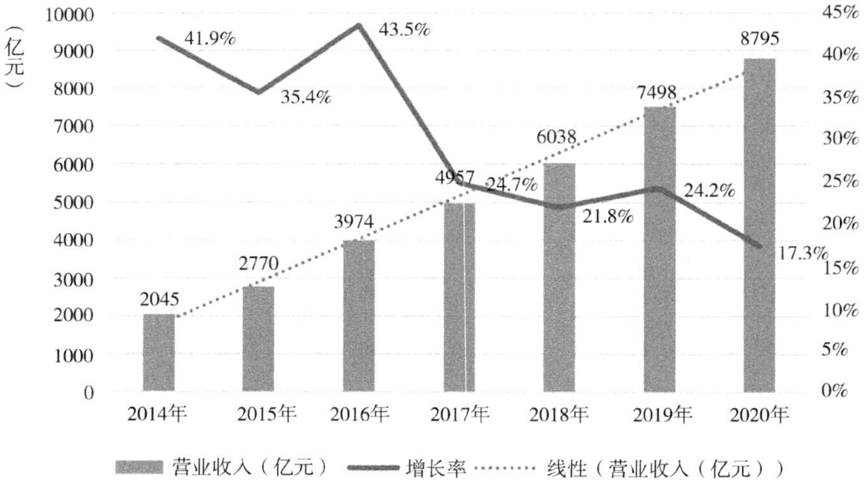

图 6-3 2014—2020 年我国快递业收入增长情况

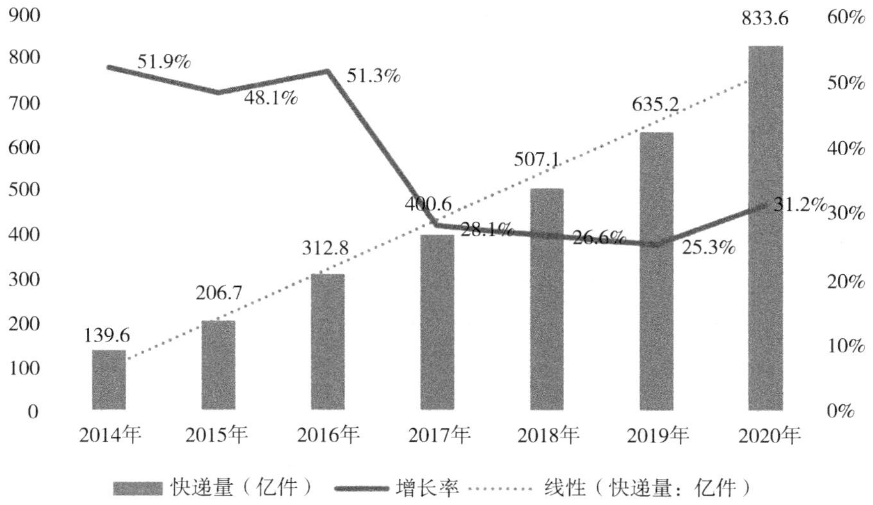

图 6–4　2014–2020 年我国快递业务量增长情况

递业务量以超过 20% 的增速稳步增长；2014 年至 2019 年，快递业务收入增速均高于 20%；2020 年因为世界范围内新冠肺炎疫情的影响，增速减至 17.3%。但是 2020 年的快递业务量是 2014 年的 5.97 倍，2020 年的快递业务收入约是 2014 年的 4.30 倍。中国国家邮政局局长马军胜 2019 年 10 月 9 日在第 51 届世界邮政日致辞中表示，中国快递行业年支撑网上零售额超过 8 万亿元，新增社会就业 20 万人以上。中国已成为世界上发展最快、最具活力的新兴寄递市场，包裹快递量超过美、日、欧等发达经济体总和，对世界寄递业增长贡献率超过 50%，已成为全球邮政业发展的动力源和稳定器[146]。

2014 年至 2020 年，我国年人均快递使用量和人均快递支出费用稳步增长（详见表 6–1 与图 6–5）。其中，2020 年的人均快递使用量是 2014 年的约 5.78 倍，人均快递支出则是 2014 年的约 4.17 倍，双双翻了几倍。在快递单票收入下降的前提下，我国居民使用快递频率的意愿呈稳步上升趋势。

表 6-1 2014—2020 年人均快递支出及人均快递使用量变化情况

年份	人均快递支出（元）	人均快递支出增长率	人均快递使用量（件）	人均快递使用量增长率
2014 年	149.5	41.0%	10.2	50.0%
2015 年	201.5	34.8%	15.0	47.1%
2016 年	287.4	42.6%	22.6	50.7%
2017 年	356.6	24.1%	28.8	27.4%
2018 年	432.7	21.3%	36.4	26.4%
2019 年	535.5	23.8%	45.4	24.7%
2020 年	623.0	16.3%	59.0	30.0%

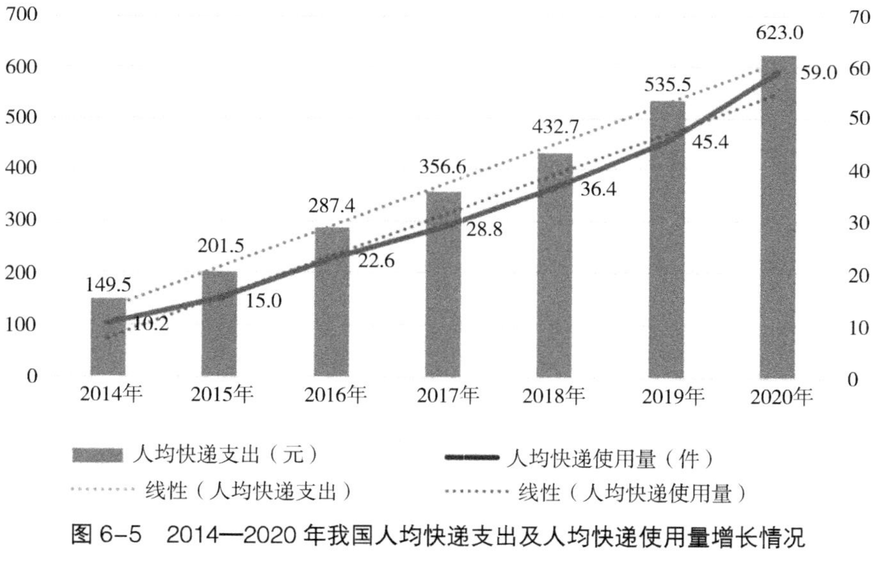

图 6-5 2014—2020 年我国人均快递支出及人均快递使用量增长情况

6.1.2 我国快递企业发展综述

在我国快递市场中，国有、民营、外资快递企业在业务结构中各具优势。根据相关统计数据显示，2019 年国有、民营、外资企业业务量占全部快递与包裹市场比重分别为 10.8%、88.8%、0.4%，国有、民营、外资企业业务收入占全部快递与包裹市场比重分别为 9.8%、85.3%、4.9%。从以上数据可见，我国以顺丰控股为代表的民营企业占据了 85% 以上的市场份额，远高于其他类型的快递企业。这一数据说明，民营快递企经过近 30 年的发展，凭借品牌资金优势、广泛的网络布局、优势灵活的机制、相对较低的成本、方便的服务以及众多的从业主体，把握着国内快递业务的绝对主动权。曾经占主导地位的国有快递企业如今仅剩下中国邮政 EMS，依赖中国邮政集团公司庞大的自营网络而一枝独秀，中铁快运、民航快递均基本退出快递业务舞台，仅依赖其铁路和民航航线而勉力支撑。

2015 年 12 月 1 日，申通快递借壳艾迪西上市，作价 169 亿元，成为“中国民营快递第一股”，民营快递企业迎来了上市潮。截至 2018 年 1 月，民营快递企业已有五家在 A 股市场上市，分别为韵达股份（002120）、申通快递（002468）、顺丰控股（002352）、圆通速递（600233）、德邦股份（603056）；两家民营快递公司在美国上市，分别为中通快递（ZTO），百世快递（BEST），中通快递（02057）同时在港股上市。从图 6-6 和图 6-7 可见，2020 年，我国快递业务量以国内异地业务为主，国内异地业务量占据整个快递业务总量的 83.2%，业务收入占总快递业务收入的 51.5%；国际 / 港澳台快递业务量虽然仅占业务总量的 2.2%，但业务收入却占总业务收入的 12.2%，说明国际 / 港澳台快递仍是快递业务中收益比较高的部分。2019 年，外资企业业务量占比仅为 0.4%，但业务收入占比却达 4.9%，由此可见，高收益的国际 / 港澳台快递仍是几家大型上市民营快递企业未来业务拓展的重点。

综上所述，经过近 30 年的发展，经过大浪淘沙，多轮融资发展后，

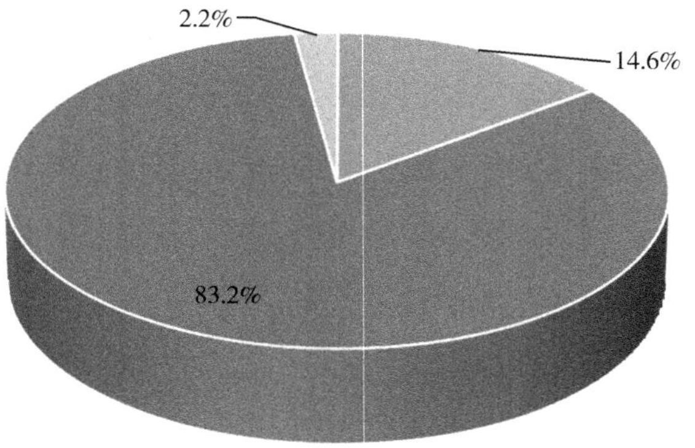

图 6-6 不同的快递业务类型 2020 年业务量结构

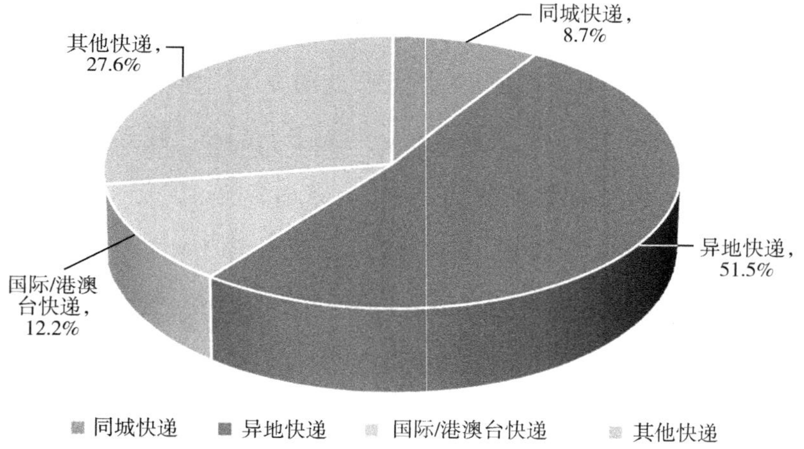

图 6-7 不同的快递业务类型 2020 年业务收入结构

我国快递服务从业主体呈现多元化趋势，国有、民营、外资快递企业多元共存、相互竞争的市场格局已经形成（如表 6-2）。同时，由于国内快递业务收入占据整个快递业务收入六成以上，而国内快递业务进入门槛较低，因此，我国国内快递业务的竞争激烈程度远大于国际快递业务。快递企业在国内快递市场所处的竞争排位如表 6-2 所示，占据国内快递市场领导者地位的依然是顺丰速运和中国邮政 EMS，五大上市公司“三通一达”和百世快递占据第二集团。

表 6-2　快递企业的竞争力排位

竞争集团	国有快递企业	民营快递企业	外资快递企业
第一集团	EMS	顺丰速运	FedEx
第二集团		申通速运、中通快递、圆通快递、韵达快递、百世快递	DHL、TNT
第三集团	中铁快运、民航快递	京东物流、德邦物流、天天快递、宅急送、丹鸟快递等	UPS、美亚快递、顺丰速运等

在 2020 年新冠肺炎疫情的影响下，无接触经济的推行使得网购的方式逐渐深入人心，线上购物的流行趋势对快递产业的发展形成了持续的推动力，快递行业得到了极大的发展。经历了竞争愈加激烈的 2020 年，快递业增长重回高位，市场份额继续向五大龙头企业集中。数据显示，2015—2020 年中国快递服务行业业务收入呈逐年上涨趋势。2020 年业务收入约为 8795 亿元，同比增长 17.3%。

根据国家邮政局统计数据和五大上市快递公司发布的年报数据，2014—2020 年五大龙头快递公司占据的市场份额如图 6-8 所示，其总市场

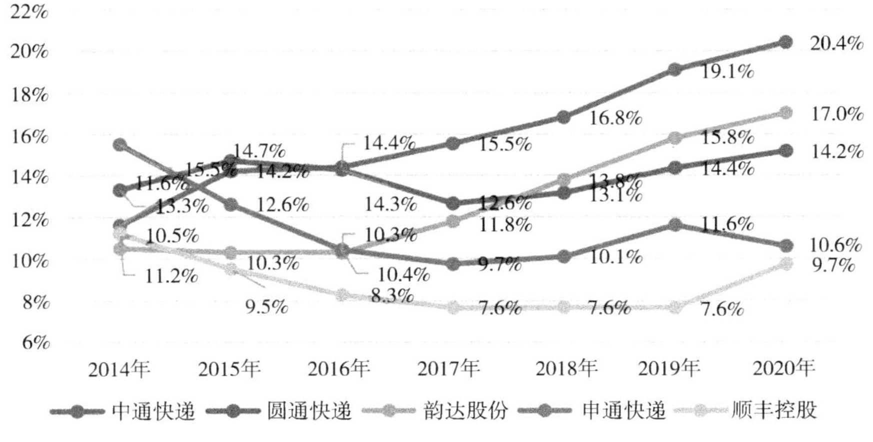

图 6-8　2014—2020 年五大龙头快递公司市场份额变化趋势

份额分别为62.1%，61.3%，57.58%，57.30%，61.42%，68.44%，72.87%，国内快递市场份额趋于集中，快递市场竞争局面已基本形成。

6.2 Z公司情报管理工作研究

6.2.1 Z公司情报管理工作体系

1. Z公司发展现状概况

Z公司创建于1994年初，是国内较早经营快递业务的民营物流企业之一，其创始人曾被誉为“中国民营快递之父”，也是国内少有的将总部设在北京的民营快递公司。经过近三十年的发展，Z公司在全国范围内形成了完善、流畅的网络加盟商与直营模式快递网络，基本覆盖到全国地市级以上城市和发达地区县级以上城市。截至2020年12月，Z公司已有员工逾2万人，车辆2000余台。全国共有30个分公司、7个航空基地、247个独立城市营业所、40个市内营业所、179个营业厅、1220个操作点、705个外网、共有网络机构2440个，网络已覆盖全国地级以上城市，是国内快递网络完整、规模较大的民营快递公司之一。

Z公司主要服务包含快递产品、运输产品、仓储产品和同城产品，其中快递产品和同城产品均为快递业务，主要以提供跨区域的高品质、一站式门到快递服务为主，其快递业务市场占有率约为5%。Z公司为国内快递行业较为重要企业之一。随着国内快递需求的多样化，Z公司不断进行产品创新，继续提供传统快递服务的同时，也在积极开拓新兴业务，包括电子商务物流配送服务、第三方物流和仓储服务、代收货款业务、贵重物品通道服务等。2015年，Z公司明确以“为品牌商提供线上线下一站式综合物流服务”为战略指向，将通过物流、信息流、资金流、商流“四流合一”的有效整合，矢志成为互联网经济时代企业客户主流的销售渠道服务商。

在公司发展方面，Z 公司于 2018 年成功完成 A 轮融资，获得以居然之家、海尔金控等产业资本及保险金融资本的 12 亿投资。Z 公司在获得 A 轮融资后，突破传统发展路径，将业务重心从个人消费端向生产制造端转移，在供应链金融、供应链管理和海外供应链网络建设等多个快递业与制造业融合发展领域积极寻找新增长点。经过战略调整，Z 公司在竞争激烈的电商小件市场日渐淡出，其业务重心和主战场转向生产制造领域的大品牌商和供应链组织者。2021 年 4 月，在外界对 Z 公司陆续看衰之际，Z 公司再度获得资本垂青，获得远洋资本、高林资本的 B 轮融资近 10 亿人民币。

与五大上市快递公司的客户集中在个人 C 端客户和电商小件客户不同，Z 公司 60%~70% 的业务来源于大客户。此外，Z 公司一直以直营网点为核心，直营网点的业务量和营业收入远高于加盟网点。基于此，Z 公司 2018 年 A 轮融资后进行战略调整和回归计划，从两个方面进行了转型。①网络重构：根据区域特性、客户特性打造更好的全网能力，聚焦优势区域的同时，最大限度地降低成本损耗。②扩大直营：满足品牌商客户在服务流程、时效标准以及稳定性等方面的需求。经过三年的战略调整，截至 2020 年底，Z 公司成功地逐步淡出 C 端市场，转而专注于 Z 公司擅长的 B 端品牌商服务。Z 公司 B 端品牌服务商的业务收入占总收入的 60%~70%，其直营网点业务量约占总业务的 80%，直营网点的收入则占总收入的 90%。2021 年 4 月，获得 10 亿 B 轮融资后，Z 公司总裁表示：“未来三到五年，Z 公司将通过快速发展三部曲，即重新定义、赋能、叠加新的业务生态，实现 50% 到 100% 的快速年化增长。”

2. Z 公司情报管理工作体系构成

从公司内部组织结构来看，Z 公司是一家劳动密集型的企业，全公司约 20000 名员工，北京总部员工约为 3000 人，其中基层操作人员约 2200，销售人员 300 名，公司管理人员主要集中在北京集团总部和 7 个大区。笔者曾于 2018 年 7 月起以大学教师企业兼职实践的身份加入 Z 公司营销部，参与到 Z 公司情报管理体系的基本框架和方案的优化设计工作中，并和同事一起提出了 Z 公司企业情报管理方法基本优化步骤和改革框架，即本书第五章讨论的模型和框架。

2019 年 6 月，Z 公司营销部经过近一年的探索、准备和前期调查工作（包括对企业竞争情报理论、知识管理理论、大数据管理、信息技术、应用系统、相关的解决方案及其供应商、企业竞争情报理论与实际的案例分析和考察等）向 Z 公司企业高层领导提交了《Z 公司以营销部为核心的情报管理工作体系实施框架报告》，并获得了批准，随后进入实施阶段。截至 2019 年 12 月底，Z 公司已经按照优化设计框架初步完成了企业竞争情报管理工作体系的优化工作，并进入不断试用完善期，取得了较为理想的效果，基本达到了初步优化预期。但由于 2020 年初受到新冠疫情的影响，上下游供应链企业的供需矛盾，和客户需求配送变化以及公司工作重心的调整，该体系优化改革实施过程并不如预想的那样顺利。本章将以 Z 公司为例，研究企业竞争情报管理工作方法的应用。

Z 公司的情报管理工作体系是由人、计算机、大数据和程序组成的复合体，为 Z 公司中高层决策者收集、整理、分析、评价并传递有用、适时和准确的市场信息。该体系由营销部主导，营销部领导肩负企业情报官和企业知识官的职能。该体系由营销部评估 Z 公司总部领导信息需求，收集所需要的信息，并将合适的信息及时传递给相关领导，以替公司领导做决策；监测市场竞争环境状况和发展变化，实时了解快递顾客需要及变化、竞争对手发展变化、Z 公司内部网络状况等各种市场营销信息，以资公司领导做出正确的决策或调整竞争方案。Z 公司竞争情报管理组织结构框架图如图 6–9 所示。Z 公司具体的竞争情报管理工作流程体系如图 6–10 所示。在 Z 公司竞争情报管理工作流程中，营销部承担着情报管理的职能，起着承上启下的作用。各个部门的内部信息及其收集到的外部信息全部汇集到营销部，由营销部将各部门的内部信息及各部门收集到的外部信息及营销部门自己收集到的外部信息汇总，分析之后反馈给营销总监，最后由营销总监呈交给决策层，以供决策层决策参考和评估。

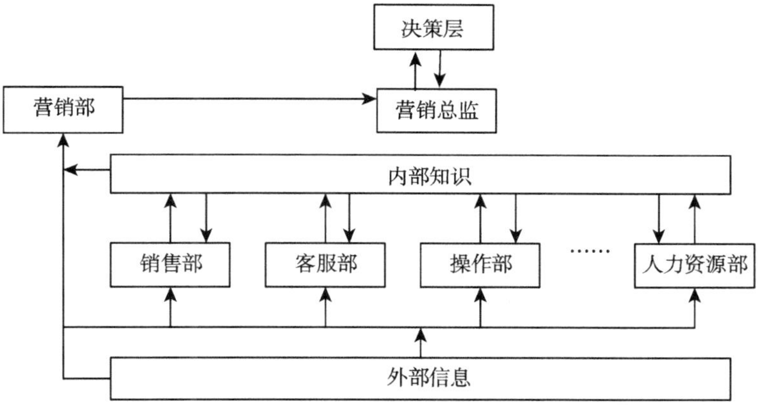

图 6–9　Z 公司竞争情报管理组织结构框架示意图

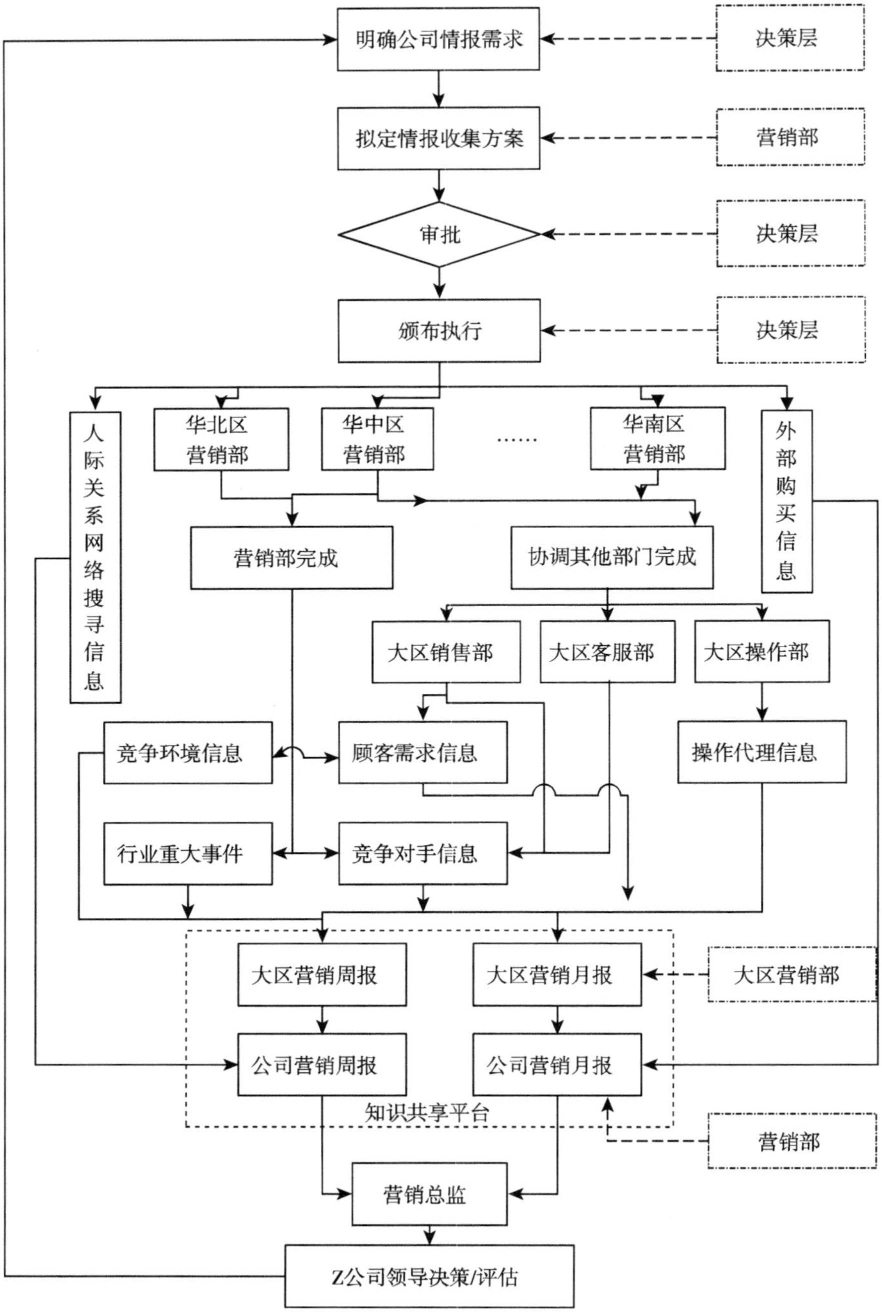

图 6-10　Z 公司竞争情报管理工作体系模型

6.2.2　Z公司内部客户信息管理

客户服务是快递运作的核心要义所在，只有在全面掌握客户知识的基础上才能实施以顾客为导向的企业战略，并进行客户资源整合，才能充分发挥企业的核心竞争能力。随着我国企业竞争趋向全球化，这对运营企业的服务意识、服务质量以及经营管理水平是个严峻的挑战。以快递企业为例，客户对服务的要求越来越高，不同的客户群体将产生不同的需求，一成不变的市场战略不再能满足多样化发展的客户需求；市场和服务的竞争，导致各竞争企业间开始更激烈的客户群体争夺，客户的忠诚度和贡献度开始降低，对客户的分析变得日益重要。这种严峻的竞争态势要求我国快递企业在经营理念、管理模式上能有一个较高层次的飞跃，与此同时，也要求快递企业传统的以产品为中心逐步向以客户为中心的模式转变。

1. Z公司内部客户细分

根据Z公司内部客户细分的需求，需要做以下三部分的工作。

（1）运用知识管理过程中的知识发现方法，对企业客户进行系统的细分，并对各个客户细分群组进行定义，从而发现每一个客户群组特有的客户特征和需求，为企业针对不同的客户群实施相应的市场营销策略提供参考依据。

（2）在行业的市场细分中进行强相关组的分析，可以为营销活动的推广提供一个特定的群体，使其能有目标、有针对性地展开，从而增强营销效果，使用有限的资源得到更多的收益。

（3）针对企业的重点客户（大客户），量身定做一些特色服务，使主客双赢，而且可以提高用户对企业的忠诚度和满意度。

结合快递企业的实际情况，Z公司客户信息分析应将重点放在客户细分和客户强相关组分析上。

为了进一步开拓市场，有针对性地开展市场营销活动，充分提高市场运作效率，需要对公司内部营销数据进行深层次的分析挖掘，探索现有资源内在的巨大商业价值，建立一个完善的市场细分系统。这一个过程属于知识的创新。

客户细分（Customer Segmentation）是指根据客户属性划分的客户集合。通过对企业客户进行系统细分，并对每个客户细分群组进行分析和定义，发现每一群组客户特有的特征和需求，从而有针对性地提供符合客户个性化需求的产品和服务，提升客户的满意度，并利用知识管理技术最大限度地挖掘和分析客户对企业的终生价值，达到为企业创利的目的。

2. Z公司内部客户强相关组分析

强相关组分析的研究对象为企业内部的所有客户。以快递企业为例，根据强相关的基本含义，要求相关组内的成员两两之间均具备主动发货行为。如客户A和客户B有快递关系，客户A和客户C也有快递关系，那么（A，B，C）是否可以划归到一个客户群，主要是看客户B和客户C是否有相关关系。若从客户快递记录表可以找到客户B和客户C有快递关系，则由这个信息可得出（A,B,C）是属于一个客户群的强相关组。

通过对企业知识库中的客户信息进行深入的挖掘和分析，找出客户间的强相关关系，并对强相关组内的客户同时采取必要的促销手段，以防止组内一个客户的流失导致组内其他客户的流失。

在对客户信息进行深入的挖掘和分析时，需要首先对企业内部数据进行收集、汇总、清洗处理等流程。以快递企业为例，市场部肩负起情报管理和知识管理的职能，是整个快递企业的核心部门，企业内部数据处理流程如图6–11所示。

客户强相关组分析，有效地弥补了单纯的客户细分不足，强相关组分析从更为宏观的角度来分析和评估客户细分群组之间的关联和价值。Z公司营销部通过对企业知识库中的内部客户信息的强相关分析，不仅有利于

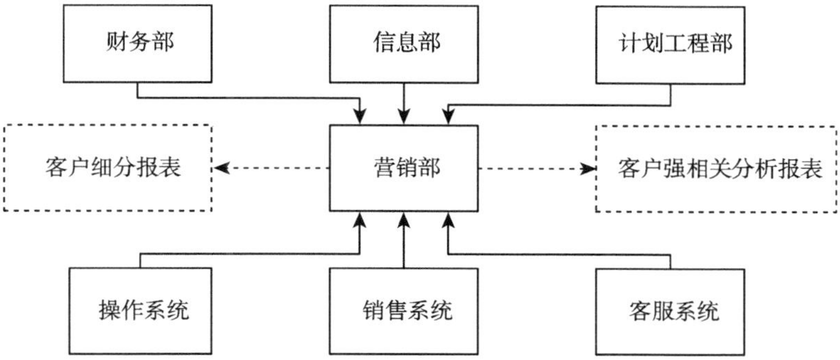

图 6-11　Z 公司内部数据处理流程

公司全面地对现有客户进行有效客户评估、合理分配服务资源，成功实施客户策略，并且使 Z 公司营销部能够方便、充分地获取客户价值，为公司销售、营销、客户服务等其他方面的工作提供支持。

6.3　基于竞争对手竞争力评估的竞争情报分析在 Z 公司的应用

随着市场竞争的加剧，大量商业研究公司出现，使客户的信息可以比较方便地获得，也使企业从之前的关注消费者转换到关注竞争者，企业的市场定位从以客户为中心转换到以竞争为中心。竞争情报作为企业的一个基本管理工具，专注于寻求：竞争对手是谁？竞争对手当前的地位如何？竞争对手最有可能采取什么行动？本书从企业内部竞争情报工作出发，谋求通过对企业竞争情报分析方法、竞争情报管理方法和模式的研究和改善，提升企业的核心竞争力。基于此，本节将选择 Z 企业竞争环境中 3 个可能的竞争对手 A 快递公司、B 快递公司和 C 物流公司，进行竞争对手综合竞争力评估实证应用研究。

6.3.1 评估对象背景分析

本书选择的3家评估对象分别为A快递公司、B快递公司、C物流公司（见表6–3），其中A快递公司和B快递公司是专注于国内小件快递业务的快递企业，C物流公司是一家以大件快递为核心业务，联动快递、物流、跨境、仓储与供应链的综合性快递、物流供应商。

表6–3 Z公司与3家企业基本信息比较

名称	主营业务	主要产品	市场占有率（按快递业务量）	行业排名（按综合实力排序）	2019年营业额（亿元）（按各公司总营收）
Z公司	国内快递 国内快运	次日达 隔日达	1.07%	12	20.00
A快递	国内快递	当日达 次日达 隔日达	1.89%	11	20.78
B快递	国内快递	限时达 当日达 次日达	19.08%	3	221.10
C物流	国内快递 国内快运	次日达 三日达	0.82%	8	259.22

说明：因快递行业每件快递单价相差较大，表6–3以每家公司快递业务量（快递包裹件数）占全国快递业务量（全国快递包裹总数）来核算市场占有率；此外，Z公司和C公司2019年营业额包含有非快递业务营业额。

1. A快递公司发展现状

A快递公司与Z公司一样成立于1994年，采用自营、加盟并举模式发展，据公开资料显示，经过多年的发展，公司网点数量达一万多个，一级加盟商近1000家，网络遍布300多个地级市2800多个区县，班车30000多辆，航空线路400多条，拥有4000多个客服座席。2010年5月10日，海航集团收购A快递公司60%股份，正式组建海航A快递有限公司。2012年，海航全部出让股权，申通、A快递公司宣布重大战略重组，管理层相互打通；2016年A快递公司获得中金公司、大航海资本等财团注资共计14亿元；2016年底，为补齐苏宁最后一公里配送能力，苏宁以42.5亿元购下本计划独立上市的A快递公司。2016年是A快递公司发展的高峰期，2016年营收约22亿元，包裹量为12.6亿件，占全国快递市场份额为4%，全年利润约8400万元。但自2016年底被苏宁收购后，这笔交易最终成了双输。2017年净亏损为5.81亿元；2018年净亏损12.97亿元；2019年营业收入为20.78亿元，营业利润为-22.39亿元。被苏宁收购的三年多时间里，A快递公司市场占有率一路下滑，亏损连连增加，截至2020年6月30日，亏损超40亿元。2021年2月22日A快递公司发内部信，宣布当月起正式启动全面转型，聚焦高质量增长，鼓励A快递公司的"加盟商"转变为"事业合伙人"，共同推进以此次转型为契机的二次创业。A快递公司将聚焦最后1千米，为B端商户提供中高品质服务，为C端消费者提供同城配送的优质体验。A快递公司从单一的快递服务，转型到仓配一体、店配一体、送装一体、共享一体的"四位一体"快递服务价值链延伸，着力提升高质量创新服务能力，提升盈利水平，实现产业链共赢。

选择A快递公司是因为其和Z公司一样，成立于1994年。A快递公司历经直营模式至加盟模式的变革，在发展过程中一度辉煌却又衰落，经历融资并购而艰难生存至今，发展前景尚不清晰，正在涅槃重生，是努力改革求生存的老牌快递公司。在国内快递市场被七大物流上市公司和京东物流垄断的前提下，如何突破重围，创出一条具有自我特色的生存之路，是Z公司和A快递公司共同面临的问题。

2. B快递公司发展现状

B快递公司创建于2002年5月8日，是一家以快递为核心业务，集跨境、快运、商业、云仓、航空、金融、智能、传媒、冷链等生态版块于一体的综合物流服务企业。据公开资料显示，2016年10月27日在美国纽约证券交易所上市，成为首家在国外上市的中国快递企业；2020 年 9 月 29 日在香港实现二次上市，成为首家同时在美国、中国香港两地上市的快递企业。根据 B 快递公司财报数据及公开信息显示，2019 年 B 快递公司以 121.2 亿件的快递业务量，拥有 19.08% 的市场占有率；2020 年，B 快递公司全年业务量突破 170 亿件，同比增长约 40%；业务收入 250 亿，同比增长 14%。B 快递公司跟其市场份额不符的是其业务收入率及每件快递单价，远低于同类型其他快递公司。就其价格竞争力而言，B 快递公司是国内其他快递公司都望尘莫及的。但如何解决其业务量与业务收入的不对称问题，进而避免利润下滑或利润增长过慢，是未来 B 快递公司亟待破解的关键难题。

选择 B 快递公司，因为它是国内快递市场体量较大、单价较低的快递公司。2015 年圆通快递市场份额为 14.7%，B 快递公司市场份额为 14.3%，仅以 0.4 个百分点屈居第二。从表 6-4 中可见，2016 年到 2020 年五年中，B 快递公司市场份额从 14.38% 一路增长至 20.39%，是业务体量较大的快递公司，而同时由于其单价较低，因此是国内其他快递公司重要的竞争对手。

表 6-4 B 快递公司 2016—2020 年营收情况分析

年份	净利润（亿元）	净利润增长率	营业收入（亿元）	营业收入增长率	业务量（亿件）	业务量增长率	市场占有率
2016 年	21.65	76.80%	97.89	60.80%	44.99	53.03%	14.38%
2017 年	31.30	44.57%	130.60	33.42%	62.20	38.25%	15.53%
2018 年	42.01	34.22%	176.04	34.79%	85.20	36.98%	16.80%
2019 年	52.92	26.00%	221.10	25.60%	121.20	42.25%	19.08%
2020 年	12.92	-75.59%	252.14	14.04%	170.00	40.26%	20.39%

备注：上表中的净利润为调整后的净利润。

B 快递公司是“三通一达”中阿里系具有代表性的成员之一，从 2016

年—2020 年五大快递公司的财务数据来看，只有 B 快递公司与圆通快递保持市场份额的稳步增长。B 快递公司在营业收入和业务量上保持了绝对增长以及高增长率，但在 2020 年，B 快递公司却罕见地出现了净利润的大幅度下降，从 2019 年的 52.92 亿元，降至 2020 年的 12.92 亿元，为近五年之最低点。

3. C 物流公司发展现状

C 物流公司成立于 1996 年，总部位于上海市，是一家以大件快递为核心业务，联动快递、物流、跨境、仓储与供应链的综合性快递、物流供应商。经过发展，于 2018 年 1 月在上海证券交易所挂牌上市。

C 物流公司坚持自营门店与事业合伙人相结合的网络拓展模式，为的是优化运力成本。公开资料显示，截至 2020 年底，C 物流公司共有网点 30415 个，其中直营网点 7253 个。分拨中心 140 个，包含 71 个转运中心、38 个集配站、31 个运作部，分拣产能同比提升 53.1%。仓库数量为 132 个、干线线路 2216 条、自有车辆 13490 辆，自有运力占比 42.12%，跨境线路已开通 127 条。C 物流公司的服务网络覆盖全国 34 个省级行政区，全国转运中心总面积超过 124 万平方米。C 物流公司目前正大力拓展国际业务，从国际快递、跨境电商、国际货代三大方向切入跨境市场，已开通韩国、日本、泰国等多条国际线路，全球员工超过 12 万名。

C 物流公司主要从事第三方综合性物流，覆盖快递、快运、仓储与供应链、跨境等多元业务。C 物流公司以直营制为主，在此经营模式下，总部对各区域进行统一经营管理，在业务范围内统一组织揽收、运输、中转、投递，对业务开展的各个环节具有较强的控制力。

从表 6–3 和表 6–5 中可见，C 物流公司 2019 年快递业务收入为 146.67 亿元，占比 56.58%；快递业务量为 5.20 亿件。2020 年，C 物流公司快递营业收入为 166.62 亿元，同比增长 13.60%，占总收入的比重提升至 60.58%；快递业务量为 5.64 亿件，同比增长为 8.46%。相应地，其快运业务占比则持续下降。对于快运业务营收下滑，C 物流公司解释称，由于快运业务客户主要以线下中小制造业为主，受疫情影响较大，行业竞争激烈、整合加速，公司快运业务也受到影响。公司将根据市场竞争及客户需求变化调整快运业务运作模式并加大资源投入。在快递业务上，C 物流公司表示，对于大件快递业务，因中转环节自动化程度较低，末端上门服务要求高等因素，其规模效益弱于传统小件快递业务，但公司快递业务量整体偏低，中转及末端效能利用不饱和，规模优势仍有较大发挥空间，故当前经营方向仍然是提高业务量，增加市场份额，摊薄单个包裹成本。

从表 6–5 中可见，C 物流公司 2016 年至 2020 年，营业收入及业务量稳步上升。其中快递业务营业收入也呈上升趋势，但增长逐步趋缓；从业务构成来看，快递业务占物流总业务的比重由 2016 年的 24.09% 逐步增长至 2020 年的 60.58%。从发展趋势上来看，C 物流公司以大件快运起步和直营模式为主，与 Z 公司经营模式相似，但经过多年的发展，除仍坚持以直营模式为主外，C 物流公司与 Z 公司在小件快递业务上走上了截然不同的发展道路。但相似的起步、类似的资源和产品以及大范围重合的目标客户，使 C 物流公司快递过去在未来很长的时间里仍将是 Z 快递公司主要的竞争对手。

表 6–5　C 物流公司 2016—2020 年营收情况

年份	总营业收入（亿元）	总营业收入增长率（%）	快递营业收入（亿元）	快递营业收入增长率（%）	快递营业额占比（%）	净利润（亿元）	净利润增长率（%）	业务量（亿件）	业务量增长率（%）
2016 年	170.00		40.96		24.09%	3.80		2.02	
2017 年	203.50	19.70%	69.28	69.14%	34.04%	5.47	43.95%	3.12	54.40%
2018 年	230.00	13.02%	113.97	64.50%	49.55%	7.00	27.97%	4.47	43.27%
2019 年	259.22	12.70%	146.67	28.69%	56.58%	3.24	–53.71%	5.20	16.33%
2020 年	275.03	6.10%	166.62	13.60%	60.58%	5.64	74.07%	5.64	8.46%

6.3.2　竞争对手竞争力水平的确定

本书在第3章已经确定了竞争对手综合竞争力评判的指标体系及其权重，因此对竞争对手综合竞争力水平的确定，只需利用专家打分法确定各二级指标相对于不同评分的隶属度。通过隶属度的合成，我们求得各项一级指标的隶属度和竞争力的隶属度。竞争力的隶属度反映该竞争对手综合竞争力的强弱，竞争力的隶属度数值越大，表示企业竞争力越强，隶属度数值越小，则表示企业竞争力越弱。

本节将继续采用专家打分法确定Z公司3个可能的竞争对手，A快递公司、B快递公司和C物流公司在创新能力、情报能力、品牌能力、财务能力和产品能力方面的各项评分值。本次评价工作得到了Z公司副总裁在人力、物力方面的大力支持，并顺利进行。出于Z公司竞争情报活动的保密性原则，本次调研完全在Z公司内部进行。2019年3月1日，在Z公司集团总部、7个大区及31家下属分公司选择120位中高层管理人员及一线操作人员或销售人员作为调查对象，发放的120份专家调查问卷于3月31日全部收回。我们对问卷仔细整理分析后，去除20份评分过高和偏低的问卷，选择100份问卷作为最终调研成果。

1. A快递公司竞争力水平的确定

以下将以A快递公司为例，进行分析研究。

（1）整理确定各项二级指标模糊综合评判矩阵

通过对100份调查评分表统计得到各个二级指标对应等级的频数，经过归一处理，得到各个二级指标对应等级的隶属度，从而得到单因素评价矩阵，即隶属度 =（认为因素 i 属于第 j 评语的人数）/（参加评定的专家总人数）。本书选择的评语集为 V=（优，良，中，低，差），统计得分后，计算得到A快递公司综合竞争力的模糊评判矩阵。

$$R_1=\begin{bmatrix} A & B & C & D & E \\ 0 & 0.2 & 0.3 & 0.2 & 0.3 \\ 0 & 0.1 & 0.7 & 0.1 & 0.1 \\ 0 & 0.5 & 0.3 & 0.2 & 0 \\ 0.1 & 0.2 & 0.2 & 0.3 & 0.2 \\ 0 & 0.2 & 0.4 & 0.3 & 0.1 \\ 0.1 & 0.2 & 0.2 & 0.3 & 0.2 \\ 0 & 0.3 & 0.4 & 0.2 & 0.1 \\ 0.1 & 0.3 & 0.4 & 0.1 & 0.1 \end{bmatrix} \quad R_2=\begin{bmatrix} A & B & C & D & E \\ 0.2 & 0.5 & 0.2 & 0.1 & 0 \\ 0.3 & 0.4 & 0.2 & 0.1 & 0 \\ 0.4 & 0.2 & 0.3 & 0 & 0.1 \\ 0.3 & 0.4 & 0.1 & 0.2 & 0 \\ 0.2 & 0.3 & 0.1 & 0.3 & 0.1 \\ 0.1 & 0.4 & 0.2 & 0.2 & 0.1 \\ 0.1 & 0.3 & 0.2 & 0.3 & 0.1 \\ 0.3 & 0.4 & 0.2 & 0.1 & 0 \\ 0.2 & 0.4 & 0.4 & 0 & 0 \end{bmatrix}$$

$$R_3=\begin{bmatrix} A & B & C & D & E \\ 0 & 0.4 & 0.4 & 0.2 & 0 \\ 0.1 & 0.4 & 0.2 & 0.2 & 0.1 \\ 0.3 & 0.3 & 0.3 & 0.1 & 0 \\ 0.4 & 0.3 & 0.2 & 0 & 0.1 \\ 0.3 & 0.5 & 0.2 & 0 & 0 \end{bmatrix} \quad R_4=\begin{bmatrix} A & B & C & C & E \\ 0.1 & 0.4 & 0.3 & 0.1 & 0.1 \\ 0.3 & 0.4 & 0.2 & 0.1 & 0 \\ 0.3 & 0.4 & 0.2 & 0 & 0.1 \\ 0.4 & 0.4 & 0.2 & 0 & 0 \\ 0.3 & 0.5 & 0.1 & 0 & 0.1 \\ 0.1 & 0.6 & 0.2 & 0.1 & 0 \\ 0.4 & 0.3 & 0.1 & 0.1 & 0.1 \end{bmatrix}$$

$$R_5=\begin{bmatrix} A & B & C & D & E \\ 0.2 & 0.6 & 0.1 & 0 & 0.1 \\ 0.1 & 0.6 & 0.2 & 0.1 & 0 \\ 0.3 & 0.4 & 0.1 & 0.2 & 0 \\ 0.2 & 0.4 & 0.2 & 0.1 & 0.1 \\ 0.4 & 0.3 & 0.3 & 0 & 0 \\ 0.1 & 0.5 & 0.3 & 0 & 0.1 \end{bmatrix}$$

2. 根据综合评价得分确定竞争力水平

根据表3–16、表3–17、表3–18、表3–19、表3–20确定的各项二级指标的权重集 W_i 与模糊评判矩阵 R_i，采用常规矩阵乘法作为运算算子，计算得出二级模糊综合评价集为 $B_i=W_i\circ R_i$。如表6–6所示。

表 6-6　A 快递公司综合竞争力二级模糊综合评价

$B_i=W_{io}R_i=$	B_1	0.0333	0.2521	0.3951	0.2060	0.1300
	B_2	0.2795	0.2109	0.2192	0.1080	0.0386
	B_3	0.2906	0.3583	0.2528	0.0733	0.0456
	B_4	0.2478	0.4088	0.1978	0.0855	0.0600
	B_5	0.2330	0.4551	0.1958	0.0957	0.0204

令 $R=[B_1,B_2,B_3,B_4,B_5]^T$，在此基础上进行一级评判模糊综合评价，其公式为 $B=W_oR$，由此可得，A 快递公司综合竞争力总体评价结果（见表 6-7）。

表 6-7　A 快递公司综合竞争力总体评价结果

$B=W_oR=$	0.1899	0.2826	0.2826	0.1336	0.0722

按隶属度最大原则，可对竞争对手 A 快递公司予以Ⅱ级得分。

或者根据 {A，B，C，D，E}={ 优，良，中，低，差 }，相对应的分值为（1.0，0.9，0.8，0.7，0.6），可用百分制之按下式计算得分 R。

$R=(0.1899\times1.0+0.2826\times0.9+0.2826\times0.8+0.1336\times0.7+0.0722\times0.6)\times100\approx80.72$ 分

根据隶属度最大原则，应予以 A 快递公司 C 级得分；或根据对应的分值约为 80.72 分，亦确认天天快递为 Z 公司的次要竞争对手。

3. B 快递公司竞争力水平确定

同理，根据统计结果，整理得出中通快递的竞争力模糊评判矩阵如下。

$$R_6=\begin{bmatrix} A & B & C & D & E \\ 0.6 & 0.4 & 0 & 0 & 0 \\ 0.7 & 0.3 & 0 & 0 & 0 \\ 0.5 & 0.5 & 0 & 0 & 0 \\ 0.6 & 0.4 & 0 & 0 & 0 \\ 0.5 & 0.4 & 0.1 & 0 & 0 \\ 0.4 & 0.5 & 0.1 & 0 & 0 \\ 0.7 & 0.3 & 0 & 0 & 0 \\ 0.8 & 0.2 & 0 & 0 & 0 \end{bmatrix}$$

$$R_7=\begin{bmatrix} A & B & C & D & E \\ 0.6 & 0.3 & 0 & 0.1 & 0 \\ 0.7 & 0.2 & 0.0 & 0.1 & 0 \\ 0.8 & 0 & 0.1 & 0 & 0.1 \\ 0.7 & 0.2 & 0.1 & 0 & 0 \\ 0.6 & 0.1 & 0.2 & 0.1 & 0 \\ 0.5 & 0.2 & 0 & 0.2 & 0.1 \\ 0.5 & 0.1 & 0 & 0.3 & 0.1 \\ 0.7 & 0.2 & 0 & 0.1 & 0 \\ 0.5 & 0.5 & 0 & 0 & 0 \end{bmatrix}$$

$$R_8=\begin{bmatrix} A & B & C & D & E \\ 0.6 & 0.4 & 0 & 0 & 0 \\ 0.7 & 0.3 & 0 & 0 & 0 \\ 0.7 & 0.3 & 0 & 0 & 0 \\ 0.6 & 0.3 & 0.1 & 0 & 0 \\ 0.4 & 0.5 & 0.1 & 0 & 0 \end{bmatrix}$$

$$R_9=\begin{bmatrix} A & B & C & D & E \\ 0.5 & 0.4 & 0 & 0.1 & 0 \\ 0.5 & 0.4 & 0 & 0.1 & 0 \\ 0.6 & 0.4 & 0 & 0 & 0 \\ 0.4 & 0.4 & 0.2 & 0 & 0 \\ 0.5 & 0.4 & 0.1 & 0 & 0 \\ 0.8 & 0.2 & 0 & 0 & 0 \\ 0.6 & 0.3 & 0.1 & 0 & 0 \end{bmatrix}$$

$$R_{10}=\begin{bmatrix} A & B & C & D & E \\ 0.6 & 0.3 & 0 & 0.1 & 0 \\ 0.4 & 0.6 & 0 & 0 & 0 \\ 0.5 & 0.4 & 0.1 & 0 & 0 \\ 0.6 & 0.4 & 0 & 0 & 0 \\ 0.7 & 0.3 & 0 & 0 & 0 \\ 0.5 & 0.5 & 0 & 0 & 0 \end{bmatrix}$$

计算得出 B 快递公司综合竞争力二级模糊综合评价集，如表 6-8 所示。

表 6-8　B 快递公司综合竞争力二级模糊综合评价

$B_i=W_{io}R_i=$	B_6	0.5985	0.3867	0.0148	0.0000	0.0000
	B_7	0.6730	0.1742	0.0472	0.0748	0.0308
	B_8	0.5967	0.3480	0.0553	0.0000	0.0000
	B_9	0.5578	0.3511	0.0452	0.0457	0.0000
	B_{10}	0.5258	0.4423	0.0276	0.0042	0.0000

计算得出 B 快递公司综合竞争力总体评价结果，如表 6-9 所示。

表 6-9　B 快递公司综合竞争力总体评价结果

$B=W_oR=$	0.6149	0.3096	0.0358	0.0293	0.0103

按百分制计算 R 得分值为

$R=(0.6149\times1.0+0.3096\times0.9+0.0358\times0.8+0.0293\times0.7+0.0103\times0.6)\times 100\approx94.89$ 分

根据隶属度最大原则，应予以 B 快递公司 A 级得分，或根据对应的分值约为 94.89 分，亦确认 B 快递公司为 Z 公司的主要竞争对手。

4. C 物流公司竞争力水平确定

同上，根据统计结果整理得到 C 物流公司的竞争力模糊评判矩阵。

$$R_{11}=\begin{bmatrix} A & B & C & D & E \\ 0 & 0 & 0.1 & 0.4 & 0.5 \\ 0 & 0.1 & 0.1 & 0.2 & 0.6 \\ 0 & 0.1 & 0 & 0.4 & 0.5 \\ 0 & 0 & 0 & 0.3 & 0.7 \\ 0 & 0 & 0 & 0.6 & 0.4 \\ 0 & 0 & 0.1 & 0.4 & 0.5 \\ 0 & 0.1 & 0 & 0.4 & 0.5 \\ 0 & 0.1 & 0 & 0.4 & 0.5 \end{bmatrix}\qquad R_{12}=\begin{bmatrix} A & B & C & D & E \\ 0 & 0.1 & 0 & 0.1 & 0.8 \\ 0 & 0.2 & 0 & 0.1 & 0.7 \\ 0 & 0 & 0.1 & 0 & 0.9 \\ 0 & 0.2 & 0.1 & 0 & 0.7 \\ 0 & 0.1 & 0.2 & 0.1 & 0.6 \\ 0 & 0.2 & 0 & 0.2 & 0.6 \\ 0 & 0.1 & 0 & 0.3 & 0.6 \\ 0 & 0.2 & 0 & 0.1 & 0.7 \\ 0 & 0.4 & 0 & 0 & 0.6 \end{bmatrix}$$

$$R_{13}=\begin{bmatrix} A & B & C & D & E \\ 0 & 0 & 0 & 0.6 & 0.4 \\ 0 & 0 & 0 & 0.7 & 0.3 \\ 0 & 0 & 0 & 0.7 & 0.3 \\ 0 & 0 & 0.3 & 0.4 & 0.3 \\ 0 & 0 & 0.1 & 0.4 & 0.5 \end{bmatrix}$$

$$R_{14}=\begin{bmatrix} A & B & C & D & E \\ 0 & 0 & 0.1 & 0.5 & 0.4 \\ 0 & 0 & 0.1 & 0.5 & 0.4 \\ 0 & 0 & 0 & 0.6 & 0.4 \\ 0 & 0 & 0.2 & 0.4 & 0.4 \\ 0 & 0 & 0.1 & 0.5 & 0.4 \\ 0 & 0 & 0 & 0.8 & 0.2 \\ 0 & 0 & 0.1 & 0.6 & 0.3 \end{bmatrix}$$

$$R_{15}=\begin{bmatrix} A & B & C & D & E \\ 0 & 0 & 0.1 & 0.6 & 0.3 \\ 0 & 0.1 & 0 & 0.4 & 0.5 \\ 0 & 0 & 0.1 & 0.5 & 0.4 \\ 0 & 0 & 0 & 0.6 & 0.4 \\ 0 & 0 & 0 & 0.6 & 0.4 \\ 0 & 0 & 0 & 0.5 & 0.5 \end{bmatrix}$$

计算得出 C 物流公司综合竞争力二级模糊综合评价集，如表 6–10 所示。

表 6–10 C 物流公司综合竞争力二级模糊综合评价

$B_i=W_{io}R_i=$	B_{11}	0.0000	0.0516	0.0447	0.3502	0.5535
	B_{12}	0.0000	0.1413	0.0472	0.0748	0.7367
	B_{13}	0.0000	0.0000	0.1259	0.5261	0.3480
	B_{14}	0.0000	0.0000	0.0910	0.5578	0.3511
	B_{15}	0.0000	0.0307	0.0318	0.5046	0.4328

计算得出 C 物流公司综合竞争力总体评价结果，如表 6–11 所示。

表 6–11 C 物流公司综合竞争力总体评价结果

$B=W_oR=$	0.0000	0.0674	0.0621	0.3149	0.5556

按百分制计算 R 得分值为

$R=(0.000\times1.0+0.0674\times0.9+0.0621\times0.8+0.3149\times0.7+0.5556\times0.6)\times100\approx66.41$ 分

根据隶属度最大原则，应予以 C 物流公司 D 级得分，或根据对应的分值 66.41 分，亦确认 C 物流公司为 Z 公司的潜在竞争对手。

6.3.3　基于竞争对手竞争力水平的竞争情报分析

依据 6.3.2 的评价结果，我们初步得出 A 快递公司为 Z 公司次要竞争对手，B 快递公司为主要竞争对手，C 物流公司为潜在竞争对手。在这个分析中，B 快递公司为 Z 公司主要竞争对手，得分高达 94.89，C 物流公司得分为 66.73，其为其潜在的竞争对手，这两个判别与 Z 公司市场部的分析高度吻合；而同样面临转型的 A 快递公司得分为 80.72 分，被定义为 Z 公司的次要竞争对手，也与 Z 快递公司市场部的分析和定位相符合。

Z 快递公司将 B 快递公司定义为 Z 公司的主要竞争对手，主要基于以下几点考虑：①市场份额第一：B 快递公司在 2016 年至 2020 年，连续五年稳居市场份额第一，且市场份额一直稳步增长。此外，B 快递公司拥有行业内较多的自有场地、较大的自营车队、较多的自动化操作设备以及优良的现金流。②竞争优势明显：B 快递公司在价格方面具有极强的竞争力，在快递业尚处于价格混战时期，是任何一家快递企业都不能忽视的竞争对手。快递行业的发展趋势是规模效应、网络效应以及未来的协同效应。B 快递公司无论是从业务量规模、扣非利润规模和单票快递毛利等多个维度横向对比来看，较其他竞争对手有显著的领先优势。③实力强大的战略投资者：B 快递公司属于“三通一达”的阿里系，自 2013 年获得红杉资本 3000 万美元投资以来，迄今已或投融资近百亿美元。无论是外部环境影响还是内生动力差异，当龙头企业之间最惨烈的竞争阶段到来时，资本开支能力是决定各大快递龙头企业未来能否保持竞争优势的关键因素，资本的实力终将成最后决胜的决定性力量。

Z 快递公司对 A 快递公司、B 快递公司和 C 物流公司的竞争定位与本书研究所得结果的一致性，亦验证了本书关于竞争对手竞争力评判指标体系的合理性和可行性。

在确定竞争对手的竞争力水平之后，我们将根据其所在竞争力水平的等级，采取相应级别的竞争情报监测和分析模式来对其进行竞争分析和监测，最终采用相应的应对模式进行竞争。如表 6-12 所示，根据评分，我们将分别对 B 快递公司、A 快递公司与 C 物流公司采取 Ⅰ 级、Ⅱ 级和Ⅳ竞争分析及监测模式。

表 6-12 竞争对手竞争力监测及竞争力分析等级

评估得分	竞争对手	监测密度	分析和监测幅度	分析报告	分析强度	评估频度
[100，90)	主要竞争对手	实时监控	公司网站、发展战略、战略伙伴变更、公司公告、高管言论及活动、高管异动、新产品上市、广告变更、服务调整等	实时	Ⅰ	月
[90，80)	次要竞争对手	每天监测	公司网站、发展战略、战略伙伴变更、高管异动、高管活动、人事变更、新产品上市、服务调整	日报	Ⅱ	季度
[80，70)	普通竞争对手	每周监测	公司网站、发展战略、战略伙伴变更新产品上市、服务调整等	周报	Ⅲ	半年
[70，60)	潜在竞争对手	每月监测	公司网站、战略伙伴变更、发展战略、服务调整等	季报	Ⅳ	年
[60，0)	非竞争对手	每个季度	发展战略、战略伙伴变更、服务调整等	年报	Ⅴ	两年

S 速运，定位于 Z 公司的主要竞争对手，Z 公司情报管理部门应对其

进行实时监测和实时报告，密切关注公司或者高管人员随时的行动、言论和变化，进行最强的 I 级竞争分析和跟踪调查研究，进而提升 Z 公司对风险的预警能力和对市场的争夺能力。

同样，对于 C 物流公司这样的潜在竞争对手，则没有必要花费太多的人力、物力去进行密集的竞争分析和竞争监测。我们只需要关注一下该竞争对手重大战略的调整，其他则只需每月定期监测一次，每个季度定期报告一次即可。同上所述，对于 A 快递公司，亦可以对照表 6–12 的分析和监测级别对其进行竞争监测与竞争分析。

综上所述，根据竞争对手综合竞争力评判对环境中可能的竞争对手竞争力进行评价，确定其竞争力水平后，再采取相对应竞争情报分析和监测模式进行分析和监测，将大大提高企业竞争情报分析效率，简化企业竞争情报管理工作模型，进而有效地节约企业的人力、物力和时间成本，达到提升企业核心竞争力的目的。

6.4 本章小结

本章是企业竞争情报管理工作的应用研究，基于第 3 章至第 5 章的分析和研究，本章所做的工作和主要结论如下。

（1）在 Z 快递公司决策层的支持下，构建了 Z 公司的情报管理工作模型，并在 Z 公司进行试运行，取得了良好的效果。

（2）针对 Z 快递企业内部客户信息管理，利用知识管理技术，对 Z 公司内部客户信息进行细分和强相关分析，以便全面地对 Z 公司现有客户进行有效客户评估、合理分配服务资源，成功实施客户策略，从而使 Z 公司充分获取客户价值，为公司销售、营销、客户服务等工作提供全面支持。

（3）以民营快递企业 Z 公司为立足点，针对竞争环境中可能的 3 个竞争对手，如 A 快递公司、B 快递公司、C 物流公司，运用模糊综合评判法进行竞争对手竞争力评判，确定竞争力水平，并根据竞争力水平选择相对应的竞争监测级别和竞争情报分析模式，简化了企业竞争情报分析流程，提高了企业竞争情报管理工作效率，有效地节约了企业有限的人力、物力和时间成本。

（4）利用模糊综合评判法对 3 个竞争对手竞争力水平进行评判，评判结果与 Z 公司市场部确定的竞争力水平吻合，反过来验证了本书在第 3 章构建的竞争对手综合竞争力评判指标的有效性和合理性。

第 7 章

研究结论与未来展望

7.1 研究结论

本书为国家社科基金项目“新形势下零售商业模式创新路径研究”（20BJY185）及北京联合大学教育科学研究课题（JK202117）：应用型大学产教融合生态系统构建路径研究的阶段性研究成果。

数字经济时代，企业竞争环境日益复杂，信息技术快速发展，知识成为人类社会中最有价值的资源。在这种环境下，为适应企业的发展，企业竞争情报管理工作在方法和模式方面必须进行相应的变革，才能充分发挥“耳目尖兵”的作用，有效地提升企业竞争力，使企业在瞬息万变的竞争环境中立于不败之地。因此，本书在参阅国内外大量文献资料的基础上，结合攻读博士与承担教学科研工作过程中所发表的学术论文、参编的教材，参考正在承担的国家社科基金项目“新形势下零售商业模式创新路径研究”所得出的研究结论，利用情报学、管理学、经济学、信息科学等领域内的相关知识与方法对企业竞争情报管理工作方法进行了研究。

首先，本书以企业竞争情报管理工作为主要研究对象，分析了竞争情报与知识管理的相同与相异性及互融关系；其次，构建了新形势下竞争对手竞争力评价指标体系，并利用问卷调查法和层次分析法确定其各个指标的权重，然后利用模糊综合评判法确定竞争对手的竞争力；再次，以信息技术为基础，对企业竞争情报分析流程进行了研究，并对一些关键的分析流程进行了重构和改进，解决了企业情报管理工作中关键的问题，提高了企业竞争情报管理工作的效率；最后，构建了新形势下企业竞争情报管理工作体系模型，集知识管理、情报管理为一体，有效地节约了企业资源，提升了企业情报管理工作效率和整体竞争力。

具体来说，本书所得的主要结论如下。

（1）知识管理与竞争情报存在诸多共性和相异性，但其在人力资源、信息平台及工作流程三个方面的融合性，是促使企业知识管理工作与竞争情报工作的互融与合并的理论基础。

（2）基于竞争环境的复杂性和竞争对手的不确定性，利用层次分析法和模糊综合评价法构建了基于知识管理的竞争对手竞争力评判指标体系，该体系由创新能力、情报能力、品牌能力、财务能力和产品能力组成，基于本书的研究对象，侧重于对企业知识管理能力–创新能力及竞争情报能力–情报能力的重视。该指标体系的应用将有助于企业拓展对竞争对手的监测范围，节约企业人力物力成本，提高企业风险预警能力并简化企业竞争情报分析流程，提升企业竞争情报管理工作的效率。

（3）竞争情报分析是企业情报管理工作的关键环节，关系到情报管理工作的效率和成败，本书从知识管理方面对企业竞争情报分析流程进行了改进和重构，提高了企业竞争情报分析的效率和准确性。

（4）本书对企业情报管理工作体系进行深入的分析，并对其具体构成及所需知识支持进行了研究，构建了一个基于知识管理的企业竞争情报管理工作体系模型，为提高企业情报管理工作效率，提升企业竞争力，提供了有价值的参考。

（5）在新形势下企业情报管理工作的知识获取模块中，为构建企业共享知识库部分引入双库协同机制，在已有知识库的引导下对其中的知识进行转化和获取，实现知识库和基础数据库的协同运作，从而构成一个良好的知识获取体系。

（6）以Z公司为例，对企业竞争情报管理工作的相关应用进行研究，并选取Z公司可能的3个竞争对手，如天天快递、中通快递及德邦物流进行竞争力评估，得出的结果与Z公司对其的定位吻合，从实证方面验证了竞争对手竞争力指标体系的合理性和可靠性。

此外，本书所取得的创新性成果如下。

（1）构建了竞争对手综合竞争力评价指标体系，从财务能力、情报能力、品牌能力、创新能力和产品能力 5 个角度对竞争环境中可能的竞争对手的综合竞争力进行评判。此评价体系以国内外相关研究成果为基础，结合本书所研究的竞争情报管理方法和专家问卷调查法，通过筛选提炼而成。其出发点是通过预先测度和评判复杂竞争环境中企业可能的竞争对手的综合竞争力，然后再依据评判的结果，对该企业采取对应级别的竞争情报监测和分析，简化了企业竞争情报分析流程，扩大了企业竞争监测的范围，增强了企业风险预警能力。

（2）构建了基于知识管理的竞争情报分析流程，基于竞争情报与知识管理的融合机理，在竞争情报分析流程中设置了企业知识库和企业知识共享平台，提高了企业竞争情报分析的速度和效率。

（3）将知识管理纳入企业竞争情报管理工作体系，基于竞争环境的复杂性，利用竞争情报构筑企业外部知识平台，知识管理构筑企业内部知识平台，两者共同构筑基于知识管理的企业情报管理平台。在此基础上构建了基于知识管理的企业竞争情报管理工作体系模型，集知识管理和情报管理于一体，有效地节约了企业资源，提升了企业情报管理工作效率，增强了企业整体竞争力。

此外，结合已有研究成果和实际课题背景对 Z 公司情报管理工作进行应用研究，构建了 Z 公司竞争情报管理工作体系，并选择 Z 快递公司 3 个可能的竞争对手进行综合竞争力评价的实证研究，力求探索出实用有效的情报管理方法，为企业竞争情报管理工作的进一步发展做出贡献。

7.2 未来展望

本书的研究已经取得了一些有价值的研究结论。由于时间和条件所限，以及知识管理、情报管理的动态复杂性，本书研究并不足够深入。还有一些需要今后进一步研究的内容，主要体现在以下几个方面。

（1）本书着重对基于知识管理的企业情报分析方法、企业情报管理工作的方法和流程进行了分析和改进，但对知识管理的技术问题，由于能力和时间所限，没有进行进一步的深入分析和研究。这是笔者在未来后续研究中继续努力的方向。

（2）如何用一个合理的战略规划把知识管理与企业日常情报管理工作的业务流程和企业文化结合起来，实现知识管理与企业情报管理工作和企业文化的无缝结合，亦是未来有待研究的重点。

（3）如何运用系统方法论在某个给定企业构建基于知识管理的企业情报管理工作，也是一个需要继续深入研究的问题。

由于本人的精力和理论功底有限，对新形势下企业情报管理工作的研究无法做到尽善尽美，对研究中出现的一些问题只是大胆地进行了初步的涉猎和探讨，希望本书能够起到抛砖引玉的作用，为其他学者的相关研究带来启示和思路。

参考文献

[1] 王伟玲，王晶 . 我国数字经济发展的趋势与推动政策研究［J］. 经济纵横，2019，(01)：69–75.

[2] 王道平，杨永芳，夏秀芹 . 企业情报管理工作的规划研究［J］. 情报理论与实践，2009，32 (07)：91–94.

[3] 包昌火，谢新洲 . 企业竞争情报系统［M］. 北京：华夏出版社，2000.

[4] 包昌火 . 加强竞争情报工作，提高我国企业竞争能力［J］. 中国信息导报，1998，11：33–36.

[5] 比尔·盖茨 . 未来时速［EB/OL］. 1996–6–16.

[6] 包昌火 . 对当前我国情报工作发展方向的几点建议［J］. 情报杂志，2014，33 (05)：1–2.

[7] 邱均平，段宇锋 . 论知识管理与竞争情报［J］. 图书情报工作，2000，4：12–14.

[8] Nonaka，Takeuchi. The Knowledge Creating Company–How Japanese Company Create the Dynamics［M］. Oxford：Oxford University Press，1995.

[9] 王众托 . 知识系统工程［M］. 北京：科学出版社，2004.

[10] 杨勇 . 试论知识管理在企业竞争情报系统中的应用［J］. 现代情报，2006，1：188–190.

[11] 杨鹏鹏，梁晓莉 . 企业竞争情报人员胜任力评价指标体系的构建［J］. 图书与情报，2005，2：53–55.

[12] 中国知网［EB/OL］. 2020–4–15.

[13] Ei Compendex［EB/OL］. http：//www. engineeringvillage. org，2021–4–15.

[14] 陶翔，缪其浩 . 国家竞争情报的概念及其演变过程［J］. 图书情报工作，2005，9：16–20.

[15] 包昌火，李艳，王秀玲，等 . 人际情报网络［J］. 情报理论与实践，2006 (02)：129–141.

[16] Fourie，L. C. H. World-Wide Web as an Instrument for Competitive Intelligence in a Tertiary Educational Environment [J]. South African Journal of Information Management，1999，2：15-19.

[17] Kirk W. M. Tyson 著 . 竞争情报完全指南：第 2 版 [M]. 王玉，郑逢波，张佳浩，等译 . 北京：中国人民大学出版社，2005.

[18] 缪其浩，徐刚 . 论科技情报分析研究工作的方法体系 [J]. 情报理论与实践，1988，(02)：17-20.

[19] 缪其浩 ."日本技术文献法" 通过的前前后后 [J]. 情报学刊,1987，(02)：45-47.

[20] 缪其浩 . "内容分析" 技术评述 [J]. 情报科学，1986，(04)：69-73.

[21] 缪其浩 . 科学技术发展的环境分析 [J]. 情报学刊，1984，(04)：68-71.

[22] Feelders. Methodological and practical aspects of data mining [J]. Information& M anagement，2000 (37)，271-282.

[23] 赵刚 . 建立国家竞争情报体系目标与原则 [J]. 情报学报，2004，4：367-371.

[24] 陈峰，赵筱媛，刘志辉，等 . 新形势下的竞争情报与国家战略——2013 竞争情报北京论坛会议综述 [J]. 情报杂志，2014，33 (08)：1-5.

[25] 赵刚 . 重视建设国家竞争情报体系 [J]. 中国创业投资与高科技,2004,5：45-47.

[26] 周九常 . 新形势下我国企业情报保护体系的基本架构 [J]. 情报理论与实践，2010，33 (11)：15-18.

[27] 中国互联网络信息中心 [EB/OL]. 2021-2-3.

[28] 包昌火，谢新洲，申宁 . 人际网络分析 [J]. 情报学报卷，2003，6：365-374.

[29] 黄河 . 信息与经营全书 [M]. 北京：人民出版社，1996，5：345-356.

[30] 中国互联网信息中心 . 中国互联网络发展状况统计报告 [R] . 北京 . 2001，7.

[31] 包昌火 . 加强情报工作提高我国企业竞争力 [J] . 中国信息导报，1998，11：33–36.

[32] 包昌火，谢新洲，张燕，等 . 企业竞争情报系统的设计和运行 [R] . 国家自然科学基金项目“企业竞争情报系统的模式和运行机制研究”课题分析报告，2001，6.

[33] 胡星光 . 抓住机遇快速发展努力开创竞争情报新局面——中情学会竞争情报分会新一届理事会工作构想 [J] . 中国信息导报，2000，(11)：58–59.

[34] 李鸣娟，蔡华利 . 对企业反竞争情报工作模式的分析 [J] . 科技情报开发与经济，2005，16：72–74.

[35] 靳娟娟 . 竞争活动中的反情报研究 [J] . 情报杂志，1999，1：14–16.

[36] Olivera Fernando. Memory Systems in Organizations：An Empirical Investigation of Mechanisms for Knowledge Collection，Storage and Access[J]. Journal of Management Studies，2000，37 (6)：811–832.

[37] 邱均平，段宇锋，岳亚 . 论知识管理与信息管理 [J] . 中国图书馆学报，1999，2 (6)：12–18.

[38] Polanyi，M. Personal Knowledge：Toward a Post-critical Philosophy [M] . Chicago：University of Chicago Press，1992.

[39] Hickens M. Xerox Shares its Knowledge [M] . Knowledge Management Yearbook 2000–2001, J. W. Cortada, & J. A. Woods (Eds.), London, 2000, 4：26–29.

[40] 杨宏进、薛澜译 . 经济合作与发展组织：以知识为基础的经济 [M] . 北京：机械工业出版社，1997.

[41] 化柏林 . 情报学三动论探析：序化论、转化论与融合论 [J] . 情报理论

与实践，2009，32（11）：21–41.

[42] Broadbent M. The Phenomenon of Knowledge Management：What Does IT Mean To The Information Profession[J]. Information Outlook，1998，5：23–36.

[43] Tiwana A. The Knowledge Management Toolkit：Orchestrating IT，Strategy，and Knowledge Management Platforms [M]. USA：Prentice Hall，2nd Edition，2002.

[44] O' Leary D. E. Enterprise Knowledge Management[J]. Computer，1998，3：54–61.

[45] Tiwana A. The Essential Guide to Knowledge Management：E–Business and Crm Applications[M]. Atlanta：Prentice–Hall，2001，3：19–22.

[46] 严怡民. 情报学概论 [M]. 武汉：武汉大学出版社，1983.

[47] Brookes B C. The foundations of information cience：PartIV. information science：the changing paradigm[J]. Journal of Information Science，1981，3：3–21.

[48] Brookes B C. The foundations of information science：PartII. quantitative aspects：classes of things and the challenge of human individuality [J]. Journal of Information Science，1980，2 ：10–27.

[49] 丁蔚，倪波. 知识管理思想的起源——从情报学的发展看知识管理 [J]. 图书情报工作，2001，1：23–27.

[50] 肖勇. 21 世纪的情报学研究趋势（一）[J]. 图书情报工作，2002，2：38–47.

[51] 龚蛟腾，侯经川. 竞争知识与竞争知识管理 [J]. 图书情报工作，2005，5：76–80.

[52] R. L. Pinkerton. Competitive intelligence revised：a history and assessment of its use in marketing [J]. Competitive Intelligence Review，1996，7：187–194.

[53] 朱晓峰，许发见 . 论知识管理和竞争情报 [J]. 情报理论与实践,2009,7:12-16.

[54] 梁战平 . 情报学若干问题辨析 [J]. 情报理论与实践，2003，26(3):193-198.

[55] Langley Jr. , C. John, Morice, William D. Strategies for Logistics Management: Reactions to a Changing Environment [J]. Journal of Business Logistics. 1982, 3 (1): 1-16.

[56] Tyan J C , Wang F K , Du T. Applying collaborative transportation management models in global third-party logistics [J]. International Journal of Computer Integrated Manufacturing. 2003, 6 (16): 138-142.

[57] 秦铁辉，晏创业，王琳 . 竞争情报与知识管理的互动关系 [J]. 情报科学，2004，22 (7): 780 -791.

[58] Fernando. Memory Systems in Organizations: An Empirical Investigation of Mechanisms for Knowledge Collection, Storage and Access [J]. Journal of Management Studies, 2000, 37(6): 802-811.

[59] 邱均平，张洋，张蕊 . 论竞争情报系统和知识管理系统 [J]. 图书情报工作，2005，9: 31 - 35.

[60] 吉萍 . 论企业竞争情报与知识管理系统的互补与共建 [J]. 太原科技大学学报，2006，2: 65 - 68.

[61] 徐红玉 . 国内竞争情报与知识管理关系研究进展 [J]. 图书情报工作，2009，6: 65 - 69.

[62] 朱晓峰，许发见 . 知识管理与竞争情报 [J]. 情报理论与实践，2000，4:264 - 265.

[63] 李新峰 . 知识管理与竞争情报的整合研究——知识经济时代的企业战略 [D]. 天津：天津师范大学硕士学位论文，2004，6: 35-41.

[64] 黄蕾 . 基于提升企业竞争力的知识管理与竞争情报整合研究 [D] . 北京：北京大学硕士学位论文，2005. 6：12–15.

[65] 曾鸿 . 竞争情报的信息重组 [J] . 图书馆理论与实践，2007（2）：53– 55.

[66] 谢建 . 企业竞争情报系统中的知识管理思想 [J] . 情报理资料工作，2006，2：33–36.

[67] 杨江平 . 竞争情报与知识管理良性互动关系研究 [J] . 图书馆学研究，2008，3：9–14.

[68] Drucker P F. The New Society of Organizations [J] . Harvard Business Review，1992，5：12–18.

[69] 梁哨辉，宋鲁 . 基于过程和能力的知识管理模型研究 [J] . 管理世界，2007（01）：162–163.

[70] 陈媛媛，齐中英 . 基于过程观的组织学习、知识管理与组织创新互动机理研究 [J] . 中国软科学，2009（S1）：128–132

[71] 张莉，迟冬梅，贾琼 . 知识管理过程中的领导力特征模型及实证研究 [J] . 科学学与科学技术管理，2010，31（08）：184–189.

[72] 施明，王馨 . 基于过程视角的知识管理领域主题分析 [J] . 情报理论与实践，2017，40（02）：71–76.

[73] 赵静杰，徐光磊，蔡骏强，梁美荣 . 竞争情报活动 – 知识管理过程对企业创新绩效的影响机理研究 [J] . 情报科学，2020，38（11）：56–63.

[74] 王如富，徐金发，徐媛 . 知识管理的职能及其与组织学习的关系 [J] . 科研管理，1999（04）：80–84.

[75] Liebowitz J. Knowledge Management and its Link to Artificial Intelligence [J] . Expert Systems with Applications，2001，7：21–25.

[76] Christy Walker. New Ways to Make Data Pay：Knowledge Management Technology Improves Analysis and Decision–Making [J] . PC Week，1998，8：14.

[77] 许有志. 供应链知识管理系统及其运行机制研究 [D]. 北京：北京科技大学博士研究生论文，2008，12：8–19.

[78] 赵曙明，沈群红. 知识企业与知识管理 [M]. 南京：南京大学出版社，2000.

[79] Desouza K C ，Awazu Y. Constructing internal knowledge markets：considerations from mini cases [J]. International Journal of Information Management，2003，23（4）：345–353.

[80] Deschamps J P. Ranganath Nayak，P. Product–Juggernauts [M]. HBS Press，1995，3：67–72.

[81] 李贺. 基于知识管理的企业知识创新研究 [D]. 长春：吉林大学博士研究生论文，2006，6：86–89.

[82] 黄卫国，宣国良. 知识价值链 [J]. 情报科学，2006，24（3）：326–330，360.

[83] Nonaka I ，Takeuchi H.The Knowledge Creating Company: How Japanese Companies Create The Dynamics Of Innovation [M]. Oxford : Oxford University Press, 1995，4 : 41–48.

[84] 国务院. 国务院关于促进快递业发展的若干意见（国发〔2015〕61 号）. [EB/OL], 2015–10–26.

[85] 赵星. 数字经济发展现状与发展趋势分析 [J]. 四川行政学院学报，2016（4）：85–88.

[86] 中国邮政快递报. 线上交易持续走高，全球快递业迎来新机遇. [EB/OL], 2021–05–14.

[87] James McQuivey. 颠覆：数字经济的创新思维和商业模式 [M]. 陈志伟，李融，译. 北京：电子工业出版社，2016.

[88] 中国期刊全文数据库 [EB/OL]. 2021–4–23.

[89] Hwang Ching-Lai, Kwangsun Yoon. Multiple Attribute Decision Making [M]. New York: Springer-Verlag, 1981, 3: 18-24.

[90] 范伯乃，朱文斌. 中小企业信用评价指标的理论遴选与实证分析 [J]. 科研管理，2003 (6): 83-88.

[91] Floyd J, Fowler.Jr. 著. 调查问卷的设计与评估 [M]. 蒋逸民，等译. 重庆：重庆大学出版社，2010.10 : 12-15.

[92] 曾五一，黄炳艺. 调查问卷的可信度和有效度分析 [J]. 统计与信息论坛，2005 (11): 11-15.

[93] Nunnally J. C. Psychometric theory [M]. New York: McGraw-Hill, 1967, 5: 12-23.

[94] Churchill G. A. A Paradigm for Developing Better Measures of Marketing Constructs [J]. Journal of Marketing Research, 1979, 16 (1): 64-73.

[95] Hair J. F, et al. Multivariate data analysis [M]. London: Prentice Hall International, 1998, 7: 23-45.

[96] 吴明隆. SPSS 统计应用实务 [M]. 北京：中国铁道出版社，2000.

[97] Nunnally J. C. , Bernstein I. H. Psychometric Theory [M]. New York: McGraw-Hill, 1994.

[98] 郑荣. 企业竞争情报能力增长机理及其评价 [D]. 长春：吉林大学博士学位论文，2008，5: 68-98.

[99] Zack M. H. Developing a Knowledge Strategy [J]. California Management Review, 1999, 3: 11-15.

[100] 沙淑欣. 基于知识管理的企业竞争情报构建 [J]. 图书与情报，2005，1: 46 - 49.

[101] 秦铁辉，汪琼. 创立竞争情报与知识管理互动双赢的和谐机制 [J]. 图书情报工作，2006，10: 63 - 67.

[102] 易凌峰，朱景琪．知识管理[M]．上海：复旦大学出版社，2008，1：28－31.

[103] 秦铁辉，舒文芳，晏创业．竞争情报与知识管理关系浅析[J]．图书情报工作，2003，11：28 － 31.

[104] 薛克香．论竞争情报与企业知识管理的互动关系[J]．情报杂志，2004，4：65–67.

[105] 余娜．竞争情报与知识管理的融合研究[D]．上海：上海大学硕士学位论文，2003，12：10–15.

[106] 张婧．竞争情报与知识管理的关系研究[J]．情报杂志，2005，3：20–22.

[107] 应瑛．信息技术应用演化与企业组织学习模式[J]．科技管理研究，2001，1：20–25.

[108] Zack M. Electronic Publishing：a Product Architecture Perspective [J]. Information and Management，1995，31（2）：75–86.

[109] 易凌峰，朱景琪．知识管理[M]．上海：复旦大学出版社，2008，1：18 － 22.

[110] Usha Canesh，Cynthia E，Miree and John E. Prescott. Competitive intelligence field research：Moving the field forward by seeing a research agenda [J]. Journal of Competitive Intelligence and Management，2003，1：1–12.

[111] Delong W H，McLean E R. Information system Success：The Quest for the Dependent Variable [J]. Information Systems Research，1992，3：60–65.

[112] 佟贺丰，申 莉．对企业知识管理内涵的再认识[J]．现代情报，2004，4：23–28.

[113] 邱均平，段宇锋．论知识管理与竞争情报[J]．图书情报工作，2000，4：12–14.

[114] Zack M H. Developing a Knowledge Strategy [J]. California Management Review，1999，3：11–15.

[115] Stephen H，Miller. Corporations Get Smart. Proven Strategies in Competitive Intelligence [M]，New York：John Wiley & Sons，Inc，2001，3.

[116] 赵红宇 . 基于知识管理的企业竞争情报共享平台模型 [J] . 情报杂志，2009，2：141–144.

[117] 秦铁辉，舒文芳，晏创业 . 竞争情报与知识管理关系浅析 [J] . 图书情报工作，2003，11：23 – 28.

[118] Nonaka I，Takeuchi H. The Knowledge Creating Company [M] . Oxford：Oxford University Press，1995.

[119] 秦铁辉，晏创业，王琳 . 竞争情报与知识管理的互动关系 [J] . 情报科学，2004，22（7）：780 – 791.

[120] 顾基发，张玲玲 . 知识管理 [M] . 北京：科学出版社，2009.

[121] Spender J C. Organizational Knowledge Learning and Memory：Three Concepts in Search of a Theory [J] . Journal of Organizational Change Management，1996，1：51–55.

[122] Junnarkar B，Brown C V. Re–assessing the Enabling Role of Information Technology in KM [J] . Journal of Knowledge Management，1997，2：18–23.

[123] 王沙骋 . 新军事变革：武器装备采办中的风险规避探索 [J] . 图书情报工作，2006，11：21–25.

[124] 张彩江，孙东川 . WSR 方法论的一些概念和认识 [J] . 系统工程，2001，6：1–8.

[125] Nonaka，Takeuchi. The Knowledge Creating Company–How Japanese Company Create the Dynamics [M] . Oxford：Oxford University Press，1995，3：23–25.

[126] 林榕航 . 知识管理原理：从传统管理迈向知识管理的理论与实践 [M] . 厦门：厦门大学出版社，2005.

[127] Gordon J L. Creating knowledge maps by exploiting dependent relationships [J], Knowledge-Based Systems, 2000, 13 (2): 71-79.

[128] 谢新洲 . 企业信息化与竞争情报 [M] . 北京：北京大学出版社,2006,6: 70-82.

[129] 顾基发，许国志 . 物理—事理—人理（WSR）系统方法论 [M] . 系统科学与工程研究 . 上海：上海科技教育出版社，2000，3：12-45.

[130] 彩江，孙东川 . WSR 方法论的一些概念和认识 [J] . 系统工程，2001，19 (6): 1-8.

[131] 谢新洲 . 企业信息化与竞争情报 [M] . 北京：北京大学出版社，2006.

[132] Caudron S I. Spy, You Spy [J] . Industry Week, 1994, 10: 22-29.

[133] 杨炳儒，王建新 . KDD 中双库协同机制的研究 . 中国工程科学 [J] . 2002，4：41-51.

[134] Yang B R, Shen J T, Song W. KDK based double-basis fusion mechanism and its process model [J] . Int J Artif Intell Tools, 2005, 3: 399-423.

[135] 周颖 . 知识发现中信息扩张机制的内涵和方法的研究 [D] . 北京：北京科技大学博士学位论文，2003，3：21-49.

[136] 许有志 . 供应链知识管理系统及其运行机制研究 [D] . 北京：北京科技大学博士学位论文，2008，12：32-38.

[137] 许有志，王道平，杨炳儒 . 基于双库协同机制的隐性知识转化模型研究 [J] . 软科学，2008，8：6-10.

[138] 顾基发，张玲玲 . 知识管理 [M] . 北京：科学出版社，2009.

[139] Prahalad C, Hamel G. The Core Competence of the Corporation [J] . Harvard Business Review, 1990, 5: 21-25.

[140] 余娜 . 竞争情报与知识管理的融合研究 [D] . 上海：上海大学硕士学位论文，2003，12：45-48.

[141] 杨永芳，王道平，李成章 . 企业竞争情报工作的构建研究 [J] . 情报杂志，2008（07）：138–141.

[142] 汪中求 . 契约精神 [M] . 北京：新世界出版社，2009.

[143] 中华人民共和国国家邮政局 . 2020 年邮政行业发展统计公报 . [EB/OL]，2021–05–12.

[144] 中华人民共和国国家邮政局 . 2020 年中国快递发展指数报告 . [EB/OL]，2021–05–08.

[145] 中华人民共和国国家邮政局 . 国家邮政局公布 2020 年邮政行业运行情况. [EB/OL]，2021–01–14.

[146] 中国新闻网 . 中国快递业务量连续六年稳居世界第一 . [EB/OL]，2020–10–09.

[147] 郭韦钰 . 基于市场机制的知识网络流研究 [D]. 北京：中国科学院博士学位论文，2006，6：1–10.

[148] John J. McGonagle, Carolyn M Vella. A Case for Competitive Intelligence [J] . Information Management Journal，2002，4：23–26.

[149] Hickens M. Xerox Shares its Knowledge [M] . Knowledge Management Yearbook 2000–2001，J. W. Cortada，& J. A. Woods (Eds.)，London，2000，4：26–29.

[150] Kurt，Lewin. Defifining the'field at a given time .' [J] . Psychological Review，1943，50 : 292–310.

附录　企业综合竞争力评判指标调查问卷

尊敬的专家您好！

非常感谢您在百忙之中抽空回答本问卷！

这是一份学术性问卷，旨在探讨在复杂竞争环境下，企业竞争对手综合竞争力评判指标的选择和确定。问卷的调查对象是快递企业的中高层管理者、咨询公司相关领域的咨询师、高校和科研所相关领域的教授、研究员和研究生。本文郑重承诺，本次调研所获得的全部资料只用于学术研究，而且问卷中尽量避免了单位和个人隐私，请您放心填写。本问卷大概占用您 10 分钟左右的时间，您的 10 分钟对于本人的研究具有重要意义！

在此，衷心感谢您的无私协助，并祝您工作顺利、万事如意！

问卷填写有关事项：

（1）保密声明：您的问卷结果仅供学术研究使用，我会严格恪守学术道德，对所有被访内容严格保密。您的回答将完全匿名，敬请放心答题。

（2）答题时复制“√”，粘贴到相关括号内；关于主体部分的问题，给出了 1–5 种选项供判断，请粘贴“√”到相应的空格处。

（3）由于数据分析和科学研究的需要，请就您所知，尽量给予最完整和真实的回答。

（4）填写完毕后请提交至 2030083575@qq.com。若您对调查问题有质疑或建议，请与本人联系。

北京联合大学　杨永芳

2019 年 6 月 28 日

第一部分 基本情况

1. 您的最高学历：

（ ）高中/中职及以下（ ）专科（ ）本科（ ）硕士（ ）博士

2. 您所处的职位：

（ ）研究生（ ）企业管理层（ ）咨询师（ ）研究员（ ）教授

3. 您在贵单位的学校/工作年限：

（ ）1年以下（ ）1–3年（ ）4–6年（ ）7–10年（ ）10年以上

4. 您对调查内容的熟悉程度：

（ ）非常不熟悉（ ）不熟悉（ ）一般（ ）熟悉（ ）非常熟悉

5. 您所在单位的性质是什么？

（ ）快递公司（ ）咨询公司（ ）高等院校（ ）科研所

6. 您所在单位的规模有多大？

（ ）100人以下（ ）100–499人（ ）500–1999人

（ ）2000–4999人（ ）5000人以上

第二部分　主体部分

请您从贵单位发展现状、个人的研究内容或本人切身体会出发，对以下问题进行判断。其中“1”代表“意义不大”，“2”代表“应考虑”，“3”代表“重要”，“4”代表“很重要”，“5”代表“非常重要”。

（一）企业综合竞争力评判一级指标

一级指标	指标解释	意义不大	应考虑	重要	很重要	非常重要
		1	2	3	4	5
（1）创新能力	企业的整体技术水平及对新产品的研发能力					
（2）情报能力	企业对情报的规划、分析、共享及风险预警、危机处理能力					
（3）品牌能力	品牌的知名度、企业在行业内的排名及顾客对品牌的忠诚度					
（4）财务能力	企业财务运营现状和财务潜力					
（5）产品能力	产品的质量、价格、客户满意度等及相对竞争对手产品的竞争力					

（二）创新能力二级评判指标

二级指标	指标解释	意义不大	应考虑	重要	很重要	非常重要
		1	2	3	4	5
（1）企业技术水平	在行业内的领先度					
（2）新产品研发周期	体现产品的竞争力					

续表

二级指标	指标解释	意义不大	应考虑	重要	很重要	非常重要
		1	2	3	4	5
（3）新产品高附加值率	体现新产品的竞争力					
（4）拥有专利数量	企业拥有的专利总数					
（5）科研人员素质	外语和计算机能力、科研能力					
（6）年新增专利数量	年新增专利数					
（7）技术先进程度	与国际先进的技术相比较					
（8）综合技术自主率	自主知识产权技术所占的比率					
（9）年研发费用	给予研发的资金支持					

（三）情报能力二级评判指标

二级指标	指标解释	意义不大	应考虑	重要	很重要	非常重要
		1	2	3	4	5
（1）情报规划能力	情报需求的识别、规划水平					
（2）情报获取能力	情报获取渠道、方法及范围等					
（3）情报分析能力	情报分析方法、技术及人员水平					
（4）知识共享能力	企业内部知识共享范围及幅度					

续表

二级指标	指标解释	意义不大	应考虑	重要	很重要	非常重要
		1	2	3	4	5
（5）知识创新能力	企业内部知识创新程度					
（6）危机公关能力	企业应对危机的反应能力、完善处理能力					
（7）情报保障能力	反情报技术成熟度和企业员工的反情报意识					
（8）信息化发展水平	企业信息化发展指数的比较					
（9）危机预警能力	企业对危机的预测准确度和先验性					

（四）品牌能力二级评判指标

二级指标	指标解释	意义不大	应考虑	重要	很重要	非常重要
		1	2	3	4	5
（1）品牌知名度	通过客户调查衡量					
（2）品牌美誉度	品牌的好感和信任程度					
（3）市场占有率	企业竞争能力，市场规模					
（4）品牌忠诚度	客户对品牌的忠诚程度					
（5）企业文化	企业文化的感召力					
（6）员工归属感	员工对企业的认同感					
（7）品牌价值	企业的无形资产					

（五）财务能力二级评判指标

二级指标	指标解释	意义不大	应考虑	重要	很重要	非常重要
		1	2	3	4	5
（1）年营业收入	企业规模，市场份额					
（2）总收益率	价值创造能力					
（3）利润总额	盈利能力，企业规模					
（4）净资产	企业资本实力					
（5）总资产增长率	资产规模扩张速度					
（6）企业呆账坏账率	资产流动性和活跃性					
（7）净利润增长率	未来的价值成长空间					
（8）资产负债率	财务风险程度标志					

（六）产品能力二级评判指标

二级指标	指标解释	意义不大	应考虑	重要	很重要	非常重要
		1	2	3	4	5
（1）产品库存率	库存量与销售额的比率					
（2）产品价格竞争力	价格方面的竞争力					
（3）产品市场覆盖率	产品渠道的多少和范围					
（4）产品销售增长率	产品增长速度与市场前景					
（5）产品生命周期	核心产品所处的生命周期					
（6）顾客满意度	通过客户满意度调查衡量					
（7）产品适销度	体现产品的成长性					

问卷到此结束，再次衷心感谢您的支持和帮助！